Gert Klaus

Glücksorte in Nürnberg

Fahr hin und werd glücklich

Droste Verlag

Dieses Buch gehört

Liebe Glücksuchende,

Nürnberg wird oft unterschätzt. Ich habe zuweilen den Eindruck, die meisten glauben, wir backen Lebkuchen und restaurieren Fachwerkhäuser. Das liegt vielleicht daran, dass Nürnberger dazu neigen, tiefzustapeln. Schon im Mittelalter meinte man: „Nürnberger tragen den Pelz nach innen." Dabei war die Stadt damals das Silicon Valley Europas. Kein Seefahrer, ob Portugiese oder Venezianer, der nicht mit Zirkeln und Sextanten aus Nürnberg in See gestochen wäre.
Und heute? Heute fährt kaum ein Auto ohne Hightech aus der Region Nürnberg auf der Straße. Eine allgemeine Unaufgeregtheit, Skepsis gegenüber Gefühlsausbrüchen und Rücksicht auf Mitmenschen sind Gründe für die fränkische Zurückhaltung. Ein Beispiel für diese Wesensart ist der schon sprichwörtliche Superlativ des Fränkischen, mit dem Lob zum Ausdruck gebracht wird: „Bassd scho" (Passt schon).
Der Nürnberger wird selten auf einen Fremden zugehen, er möchte einfach nicht stören. Wenn es aber zur Begegnung mit lächelnden Asiaten oder amerikanischen Rentnern kommt, legt der Franke seine Zurückhaltung ab, denn im Grunde ist er stolz auf seine Stadt und freut sich, dass er Besuchern helfen kann, sie zu entdecken.
So habe ich mir überlegt, was in meiner Heimatstadt ich jüngeren und älteren Besuchern empfehlen kann. Ausgewählt habe ich vor allem Orte, die nicht in jedem Reiseführer zu finden sind, oder Highlights, die für mich der Grund sind, gerade in dieses oder jenes Museum zu gehen. Meine Glücksorte erinnern mich an schöne Erlebnisse, es sind Stätten, wo ich immer herzlich aufgenommen werde oder wo ich seit Jahren bei jedem Besuch beste Qualität vorfinde. Die Orte sind persönlich, liebenswert und manchmal auch etwas skurril –sie sind Nürnberg, eben das, was ich gerne in einer unbekannten Stadt entdecken und als bleibenden Eindruck mit nach Hause nehmen würde.
Ich liebe diese Stadt und würde mich freuen, wenn ich mit diesem Buch auch bei Ihnen für Glücksmomente sorgen könnte.

Ihr Gert Klaus

Deine Glücksorte ...

… noch mehr Glück für dich

Glücksort für Fußballfans

1 *Das Museum des „Club“*

Nürnberg geht nicht ohne Fußball. Leider sind die ruhmreichen Zeiten, als der FCN die deutsche Meisterschaft in Serie gewann, lange vorbei. Fußballkenner verbinden den 1. FC Nürnberg heute vor allem mit dem Synonym „Fahrstuhlmannschaft“. Trotzdem heißt der 1. FCN in ganz Deutschland immer noch respektvoll einfach „der Club“, als gäbe es keinen anderen. Und da die Mannschaft bei ihren Fans in den letzten Jahrzehnten für deutlich mehr Leid als Freud gesorgt hat, weiß der Nürnberger: „Der Glubb is a Depp!“

Dass dem „Glubb“ so viele Fans die Treue halten, obwohl er sich durch die häufigen Abstiege in die zweite und mit dem Untergang in die dritte Liga zum Gespött der Fußballnation machte, ist verwunderlich und hat mit der loyalen fränkischen Mentalität zu tun. Sogar als Zweitligist hatte der Club oft mehr Zuschauer in seinem nun endlich nach Max Morlock getauften Stadion als mancher Verein der ersten Liga.

Aber falls man als Fußballfan Trost braucht, ist Hilfe nicht weit. In der Geschäftsstelle des 1. FCN befindet sich ein Museum zur Geschichte des Vereins. Von den Anfängen 1900 bis zum letzten großen Erfolg, dem DFB-Pokalsieg 2007, findet man viel Historisches und Erbauliches, mit dem man sich in die guten und besseren Zeiten zurückversetzen kann. Ausgestellt sind hier neben vielen anderen Schätzen etwa die Mütze von Torwartlegende Heiner Stuhlfauth, der in drei Endspielen um die deutsche Meisterschaft kein Gegentor zuließ, das Trikot von Max Morlock, in dem er beim WM-Endspiel 1954 in Bern gegen Ungarn das Anschlusstor erzielte, die Torjägerkanone von Marek Mintal und die Nachbildungen von den drei deutschen Meisterschaftspokalen, die außer dem „Glubb“ nur drei andere Mannschaften gewannen.

Das zaubert doch jedem Fußballromantiker ein Lächeln ins Gesicht.

1.Fußballclub Nürnberg e. V., Valznerweiherstraße 200, 90480 Nürnberg
ÖPNV: Bus 44, 94, Haltestelle Sportanlage FCN, S2, S3, Haltestelle Frankenstadion

Der Zabo
Das erste vorbildliche Stadion – der Zabo
Geld verdienen kann man nur mit einem eigenen Stadion. Die SpVgg Fürth hat seit 1910 ihren Ronhof, und der Club seit 1913 seine sportliche Heimat im Zabo. Das Sportgelände gilt als vorbildlich in ganz Deutschland. Die Vereinsführung hat Mut zum Risiko bewiesen. Die wachsenden Einnahmen sowie steigende Mitglieds- und Zuschauerzahlen geben ihr Recht.
1 FCN

Musikalisches Multikulti

2 *Das Bardentreffen*

Vermutlich sind Nürnberger ausgesprochen traditionsbewusst oder schlicht Gewohnheitstiere. Jedenfalls halten sie ihren Veranstaltungen die Treue und besuchen sie alljährlich in großer Zahl. Das Bardentreffen füllt seit mehr als vierzig Jahren ein ganzes Wochenende lang die Altstadt mit Musik und guter Laune. Vor teils malerischer Kulisse spielen Bands kostenlos unter freiem Himmel. Trotz des großen Andrangs sieht man nur lächelnde Gesichter. Bands und Besucher aus der ganzen Welt bevölkern die Stadt, und es treten auch die Größen des Fachs auf: Die Leningrad Cowboys, Joan Armatrading und Steve Gibbons fungierten ebenso als Zugpferde wie Konstantin Wecker, Jan Josef Liefers oder LaBrassBanda. Das offizielle Festival bildet dabei nur den Rahmen für den charmantesten Teil des Wochenendes: Straßenmusiker, deren Bühne die Fußgängerzonen sind, stehen an jeder Ecke der Innenstadt. Zwischen gotischer Kathedrale, Kaufhaus und Drogeriemarkt sieht man ganze Familien, die zum Musizieren auf eigene Kosten nach Nürnberg gekommen sind und höchstens einen Gitarrenkoffer für Spenden aufgeklappt haben. Musiker mit skurrilen Instrumenten bieten spektakuläre Sounds, Alleinunterhalter mit der Gitarre in der Hand, Trommel auf dem Rücken und den Zimbeln auf dem Kopf ersetzen ein Orchester, rührende 12-jährige Mädchen bieten mit Gitarre und zarter Stimme Hitparadensongs dar und bessern ihr Taschengeld auf. Dabei verstehen es diese No-Names, Menschentrauben um sich herum zu versammeln.

TIPP Guter Anlass, um die romantischen Höfe Nürnbergs zu entdecken – einfach den Ohren nach!

Und man sieht Musiker zwischen den Häusern, die offenbar gar nicht genug vom Bardentreffen bekommen können – die Band „La-Boum" etwa, die zwei Mal auf der offiziellen Bühne stand und trotzdem jedes Jahr mit Tutenchamun-Kontrabass und Mega- statt Mikrofonen auch auf der Straße spielt. Dabei ergibt sich immer ein spontanes Tänzchen mit dem oder der schönen Unbekannten, dann werden aus Fremden mal eben kurz Freunde, auch wenn man der Sprache des anderen nicht mächtig ist.

Bardentreffen Nürnberg
https://bardentreffen.nuernberg.de
ÖPNV: Bus 36, Haltestelle Hauptmarkt, Straßenbahn 4, 6, Haltestelle Hallertor, U1, Haltestellen Weißer Turm, Lorenzkirche

Pearl

Wenn schon, denn schon

3 *Das Bratwursthäusle*

Der Nürnbergbesucher muss etwas essen. Lebkuchen bitte allerdings nur zur Weihnachtszeit, auch wenn deren Duft schon ab Juli aus den Backstuben zieht.

Natürlich kommt man nicht drum herum, „Brådwerschd“ essen zu gehen, Nürnberger Rostbratwürste auf Hochdeutsch. Aber bitte nicht „drei in am Weggla“ (drei im Brötchen) an der Straßenecke, womöglich für mehr Geld, als ein Döner kostet. Bloß nicht! Brådwerschd bitte in stilvoller, am liebsten mittelalterlicher Umgebung – um ein wenig Klischee ins Spiel zu bringen.

Mein Tipp ist dabei eigentlich banal, jeder könnte selbst darauf kommen, denn fast alle Besucher der Stadt gehen zwangsläufig auf dem Weg vom Schönen Brunnen zur Kaiserburg daran vorbei. Es ist aber ein Glücksort, der hier nicht fehlen darf, schon damit der Besucher nicht den Fehler macht, irgendwohin zu gehen, um Bratwürste zu essen. Es muss das Bratwursthäusle sein! In stilechter Umgebung, direkt gegenüber vom Rathaus und am Fuße der Sebalduskirche, kuschelt sich auf ein Sandsteinpodest ein Gebäude, dessen Dach fast bis auf seine Terrasse reicht und so den heimeligen Eindruck einer weit ins Gesicht gezogenen Hutkrempe erweckt. Der niedrige, mit dunkler Holzdecke, kleinen Fenstern und echten Butzenscheiben versehene Gastraum beherbergt in seiner Mitte den Grill, auf dessen offenem Buchenholzfeuer die Bratwürste brutzeln. Von Zeit zu Zeit lodert die Flamme hoch und verstärkt das Gefühl von Romantik. Die blank geschrubbten Holztische und das schlichte Mobiliar versetzen den Gast in eine andere Zeit; man denkt, Albrecht Dürer sieht einem über die Schulter und Hans Sachs sitzt am Nebentisch und deklamiert eines seiner Gedichte.

Man bekommt die Würste Dutzend- oder Halbdutzendweise, natürlich auf einem Zinnteller serviert. Sie werden übrigens in der hauseigenen Metzgerei nach alter Rezeptur hergestellt. Ich finde sie ja am besten mit Sauerkraut, das im Bratwursthäusle – sehr lecker und aromatisch! – eher süßsauer gehalten ist, und mit einem fränkischen Bauernbrot.

Bratwursthäusle, Rathausplatz 1, 90403 Nürnberg
ÖPNV: Bus 36, 37, 46, 47, 94, Haltestelle Rathaus, U1, Haltestelle Lorenzkirche, ca. 10 Minuten Fußweg

Natur, Geschichte und Events

4 *Der Dutzendteich*

Im Südosten Nürnbergs, gar nicht weit weg vom Zentrum, liegt der eigentliche Stadtpark der Nürnberger. Es gibt nichts, was hier nicht an Aktivitäten möglich wäre. Natürlich nicht immer gleichzeitig, aber wenn ich nur einen einzigen Glücksort nennen dürfte, dann wäre es dieser:
Schlittschuhlaufen auf den gefrorenen Teichen. Auf den zahlreichen Wegen durch den frischen Schnee stapfen. Das erste Grün im Frühling spüren. Enten bei der Balz beobachten. Junge Schwäne aufwachsen sehen. Den Sonnenuntergang am Wasser genießen. In warmen Sommernächten unter dem Licht des Mondes im Teich schwimmen. Vom „Schuttberg" aus Nürnberg überblicken. Auf dem ehemaligen Reichsparteitagsgelände der Geschichte nah sein. Die schrecklichen Bauten zweckentfremden mit Tennisspielen hinter der Tribüne, die Treppen hinauf- und herunterrennen, Bob Dylan, The Who und U2 ansehen und auf der Kanzel händchenhaltend den Sonnenaufgang erleben. Den „Pfahl" durch das „Dokuzentrum Reichsparteitage" entlanglaufen und den spektakulären Ausblick in den Hof der früheren Kongresshalle auf sich wirken lassen. Rock- und Jazzkonzerte unter freiem Himmel im Serenadenhof oder die Symphoniker im Konzertsaal hören. Fußballspiele des FCN im Max-Morlock-Stadion, Eishockeyspiele der Nürnberg Ice-Tigers in der Arena und Footballspiele der Noris Rams auf dem Zeppelinfeld sehen. Segeln unter blauem Himmel. Tretboot fahren. Das Dröhnen der Automotoren beim „deutschen Monaco" spüren. Zu Open-Air-Konzerten bei „Rock im Park" strömen. Auf dem Volksfest mit den Kindern Feuerwerk, Riesenrad und Karussell erleben, Popcorn, Zuckerwatte und Schäuferle essen. Im Zirkus Roncalli lachen und staunen. Inlineskaten durch schönste Natur. Kilometerweit joggen oder Fahrrad fahren zu jeder Jahreszeit. Weißwurstfrühstück im „Gutmann". Kino beim Sommernachts-Filmfestival am Wasser genießen.
All das findet rund um den Dutzendteich statt. Ich hatte das Glück, hier zwanzig Jahre zu leben – das ist meine Heimat.

ÖPNV: Straßenbahn 6, Bus 45, 55, 65, Haltestelle Dutzendteich, Straßenbahn 8, Bus 36, Haltestelle Doku-Zentrum, S2, S3, Haltestelle Dutzendteich Bahnhof oder Frankenstadion

52
55
56

Stadtrundfahrt im ÖPNV

5 *Die Buslinie 36*

Der Einheimische hat keine Vorstellung – das Schöne liegt so nah, dass man es nicht bemerkt. Dabei bin ich mit der Buslinie 36, die laut Eigenwerbung der Verkehrsbetriebe an genau 36 Sehenswürdigkeiten Nürnbergs vorbeiführt, selbst schon oft gefahren.
Gemütlich durch die Straßen der Altstadt kutschiert werden. Einfach aussteigen an Stellen, zu denen man auswärtige Besucher führt. Zum Mittagessen in die Stadt fahren, ohne einen Parkplatz suchen zu müssen. Ein geduldiger Busfahrer, der sich am Rathaus vorbei den Weg durch die Touristenströme bahnt. Die Gelegenheit, bei Schrittgeschwindigkeit den Schönen Brunnen, das Rathaus und die Sebalduskirche zu betrachten und den Blick hoch zur Burg schweifen zu lassen.
Herr Müller, einer der Busfahrer auf der Linie 36, berichtet mir auch vom Transport der mit Picknickkörben und Klappstühlen ausgerüsteten Massen zum kostenlosen „Klassik Open Air" im Luitpoldhain. Oder von den mühsamen Fahrten durch die Enge der Menschenaufläufe zwischen Hallertor und Obstmarkt anlässlich der großen Kunstevents „Blaue Nacht" und „Bardentreffen", bei denen alljährlich Zehntausende Nürnberger und Auswärtige die Innenstadt in einen Ausnahmezustand versetzen. Trotzdem mögen er und viele seiner 450 Kollegen diese Tour, denn so sehen sie immer, was in der Stadt gerade los ist.

TIPP

Eine ganz normale Fahrkarte genügt!

Selbst kommt man ins Gespräch mit Japanern, die in gebrochenem Englisch die Schönheit der Stadt preisen, mit Engländern, die am Reichsparteitagsgelände die Aussicht von der Tribüne erleben wollen, und mit Indern, die auf Messebesuch möglichst zeitsparend einen kleinen Eindruck von der „berühmten Stadt der Prozesse" bekommen möchten. Selbst fränkische Eigenbrötler entdecken dann ihre kosmopolitische Ader und geben den interessierten Touristen umfassende Ratschläge. Manch einer, der auf diese Weise seine Rente aufbessert.
Eine Fahrt mit der 36 quer durch die Innenstadt – eigentlich die perfekte Art und Weise, Nürnberg nahe zu kommen.

ÖPNV: Die Linie 36 verkehrt zwischen den Endhaltestellen Plärrer und Doku-Zentrum

36 Plärrer
574
www.vag.de
MAN
N TX 1005

Wie vor dem Krieg

6 *Das Hölzerne Altstadtmodell*

Wie bei allen Großstädten in Deutschland wurde auch Nürnbergs Innenstadt im Zweiten Weltkrieg bis zur Unkenntlichkeit zerstört. Vielleicht liegt es an der fränkischen Mentalität, vielleicht aber auch an der traditionellen Anziehungskraft der Stadt für Touristen, dass man bei der Wiederherstellung mittelalterlicher Gebäude und des Erscheinungsbildes der Altstadt besonders viel Aufwand betrieb. Trotzdem trauern auch heute noch viele Nürnberger dem Zustand der Altstadt vor den Bombennächten hinterher und sehnen sich nach der Restaurierung weiterer charakteristischer Gebäude, was sich auch in dem Engagement und dem großen Einfluss der Altstadtfreunde e. V. bemerkbar macht.

Dabei gibt es einen Ort, an dem man von dieser Zeit träumen kann, viel greifbarer noch als beim Anblick von Fotografien aus der Zeit. Ausgerechnet der nationalsozialistische Oberbürgermeister gab 1935 ein Projekt in Auftrag, an dem vier Holzbildhauer bis Oktober 1939 arbeiteten: ein hölzernes Modell der Nürnberger Altstadt im Maßstab 1:500, drei mal dreieinhalb Meter groß – eines der schönsten Stadtmodelle Deutschlands. Die beeindruckende Detailtreue wurde so weit getrieben, dass bei den Gebäuden die Anzahl und Position der Fenster, Türen und Erker exakt wiedergegeben wurde, Fachleute bezeichnen insbesondere die Modelle der vier Hauptkirchen als „kleine Meisterwerke der Holzschnitzerkunst“. Aber auch der Burgkomplex wurde mit ausgesprochener Liebe zum Detail nachgebildet.

Zu sehen ist das Modell im Dachgeschoss des Stadtmuseums Fembo-Haus. Wenn also den Touristen oder den Einheimischen die Sehnsucht nach dem mittelalterlichen Nürnberg überkommt, ist dies der Platz, um seinen Träumen nachzuhängen.

Das Altstadtmodell wurde schon in Berlin, Rotterdam, Nizza und Glasgow ausgestellt und wird seit 1984 mit einer Licht- und Tonshow zeitgemäß in Szene gesetzt. Die Tonshow läuft alle 20 Minuten in Schleife, dazwischen kann man das Modell bei Tageslicht studieren.

Stadtmuseum Fembo-Haus, Burgstraße 15, 90403 Nürnberg
www.museen.nuernberg.de/fembohaus
ÖPNV: Bus 36, Haltestelle Burgstraße, U1, Haltestelle Lorenzkirche

Eng, aber Kult

7 *Das Café Wanderer am Tiergärtnertorplatz*

Die Lage ist einzigartig. Fast jeder Tourist muss zumindest in gewisser Entfernung daran vorbeigehen, denn es liegt am selben Platz wie das Albrecht-Dürer- und das Pilatushaus, die beiden schönsten Fachwerkhäuser der Altstadt. Trotz fehlender Sitzgelegenheiten ist der Platz im Sommer Treffpunkt, Veranstaltungsort und Bühne für Amateurgitarristen – eine der idyllischsten Kulissen Nürnbergs.

Das „Wanderer" war früher im Winter Lebkuchen- und im Sommer Bierverkauf, eine winzige Hütte, gleich neben dem Turm schief an die Stadtmauer geklebt, so wie man es aus frühen Fotografien kennt. Die urig inszenierte Website informiert darüber, dass es eine Café-Bar und ein „Bieramt" Wanderer gibt. Das Nürnberger Umland ist nämlich die Heimat etlicher Privatbrauereien, deren Bierkreationen auch denjenigen überzeugen, der normalerweise nicht zum Bier greift. Das Wanderer bietet eine große Auswahl dieser Biere, plus wechselnde Wochenbiere. Für die, die sich nicht überzeugen lassen wollen, gibt es auch fränkische Weine im Angebot. Die Mahlzeiten beschränken sich auf Brote mit Wurst oder Käseaufstrich – was man eben neben dem Bierkrug auf der Hand halten kann.

Seit geraumer Zeit gibt es eine zweite Hütte nebenan, die der größten Enge im Café etwas Luft verschafft. Während der „Sonnenzeit" gibt es eine Außenbestuhlung, in der „Regenzeit" kuschelt man sich in den gemütlichen Hütten an die Bar. Der Platzmangel sorgt dafür, dass die Kommunikation unter den Gästen nicht ausbleibt, und für meist exzellente Stimmung. Möglicherweise kommt die gute Laune auch dadurch zustande, dass die entspannt unter der alten Kastanie bei einem „Seidla" Bier sitzenden Gäste des Wanderer den Touristen zusehen können, wie sie über das Kopfsteinpflaster – das bevorzugte Material Nürnberger Plätze – stolpern. Also sollte man sich als Besucher besonders an dieser Stelle mal eine Auszeit gönnen, bevor man sich wieder in den Sightseeing-Trubel stürzt.

Café Bar Wanderer, Beim Tiergärtnertor 2-6, 90403 Nürnberg
www.cafe-wanderer.de

ÖPNV: Straßenbahn 4, Haltestelle Tiergärtnertor, Bus 36, Haltestelle Burgstraße

WANDERER CAFE-BAR
WANDERER CAFE-BAR

Schick und bequem

8 *Mandy Schuhe & Mode*

Möglicherweise stimmt es ja: „Diamonds Are A Girl´s Best Friend." Doch Schuhe kommen bei den Frauen gleich an zweiter Stelle und sind in der Regel erschwinglicher. Allerdings fehlen vielen Frauen im Zeitalter von Zalando und Co. Individualität, Beratung und die Möglichkeit zur Anprobe. Doch es gibt sie noch, die kleinen, exklusiven Geschäfte, in denen frau genau die Schuhe findet, die sie schon lange gesucht hat und die sich angenehm von der Massenware abheben.

Falls sich ein Mann zu „Mandy Schuhe & Mode" verirren würde, wäre es wie der berühmte Blick in den gefüllten Kühlschrank – er findet nicht, was er sucht, obwohl es vor seiner Nase steht. Den Blicken einer Frau aber eröffnet sich ein Paradies von ausgewählten Schuhen, die online nicht zu finden sind, aber jedes Frauenherz höher schlagen lassen. Denn Nina Neumann, die schon als kleines Mädchen ihre Leidenschaft für den 1973 von ihren Eltern gegründeten Laden entdeckte und das Geschäft inzwischen zusammen mit ihrer Mutter leitet, bietet exklusive Modelle italienischer und spanischer Hersteller. Die Schuhe suchen sie und ihre Mutter auf internationalen Messen aus und probieren sie vor Ort an. Denn ihre Mutter bestand schon immer darauf, dass schöne Schuhe auch bequem sein müssen.

Aber nicht nur das Sortiment ist einen Blick in den Laden wert. Die Herzlichkeit und die überaus freundliche Beratung zeigen, dass die Neumanns mit Leidenschaft am Werke sind. Die inzwischen 70-jährige Christa Neumann steht oft selbst im Laden und begrüßt die Kundschaft mit einem freundlichen „Grüß Gott". Damit nicht nur die Füße strahlen, gibt es passende Accessoires wie Brillen, Schmuck und Taschen und im Laden nebenan die passende Mode zum Schuh. Männer können in den Cafés rund um den Hauptmarkt geparkt werden.

Mandy Schuhe & Mode, Winklerstraße 2, 90403 Nürnberg
ÖPNV: Bus 36, Haltestelle Hauptmarkt, U1, Haltestelle Lorenzkirche

MANDY
Sonderangebote
Schuhladen
SALE

Tradition neu aufgelegt

9 *Das Gutmann am Dutzendteich*

Wenn Sie zum Gasthaus Gutmann in bester Lage direkt am Dutzendteich kommen, würden Sie kaum glauben, dass diese Gaststätte noch vor wenigen Jahren eine Spelunke und der Biergarten nur spärlich besucht war. Glücklicherweise kaufte die Brauerei Gutmann das Anwesen und errichtete mit Fingerspitzengefühl einen Neubau, der von Anfang an den Eindruck machte, als hätte hier nie etwas anderes gestanden. Das Gebäude strahlt von außen und innen Frische aus, es riecht angenehm nach Holz, denn eine geschmackvolle, moderne hölzerne Innenausstattung sorgt für Gemütlichkeit. Die bodenlangen Fenster ermöglichen einen ungehinderten Blick auf den Teich, die großen Bäume und viel Himmel – auf diese Weise kann man hier auch schlechtes Wetter oder die kalte Jahreszeit genießen.

Bei alledem spürt man auch die Tradition, die einerseits von der Lage an einem der ältesten Nürnberger Naherholungsgebiete, andererseits von der Nähe des Max-Morlock-Stadions kommt. Der Hauch von einstiger Größe weht hier noch, viele Fans treffen sich hier traditionell vor dem Gang ins Stadion oder um die Spiele des „Club" im großen Saal per Beamer auf der Leinwand zu verfolgen. Ehemalige Spieler kommen jeden Freitag zum Frühschoppen.

Aber das Gutmann ist weit davon entfernt, nur ein Fanlokal zu sein. Der Dutzendteich war schon im 19. Jahrhundert zu jeder Jahreszeit Ausflugsziel der Nürnberger, und auch heutzutage umrunden Familien sonntags den Teich, kommen zum Inlineskaten, Schwänefüttern, Tretbootfahren oder Schlittschuhlaufen und gehen anschließend auf eine Erfrischung oder zum Aufwärmen ins Gutmann. Das Publikum kommt aus allen Altersklassen und bevölkert im Sommer auch schon vormittags den geräumigen, gepflegten Biergarten. Am Abend ist der Saal gut besuchter Veranstaltungsort für Kleinkunst und Musik.

Gutmann am Dutzendteich, Bayernstraße 150, 90478 Nürnberg
www.gutmann-am-dutzendteich.de

ÖPNV: Straßenbahn 6, Bus 45, 55, 65, Haltestelle Dutzendteich, Straßenbahn 8, Bus 36, Haltestelle Doku-Zentrum, S2, S3, Haltestelle Dutzendteich Bahnhof oder Frankenstadion

Gutmann
Gutes Hefeweizen
Gutmann

Nostalgie auf Holzbänken

10 *Historisches Straßenbahndepot St. Peter*

Erinnern Sie sich an Straßenbahnfahrten in Kindertagen? Als noch ein blau uniformierter Schaffner in Uniform, mit umgehängter Ledertasche mit Münzwechsler und Fahrscheinblock in der Straßenbahn mitfuhr? Er verkaufte die kleinen Papierfahrscheine, und ich habe noch genau das Bild vor Augen, wie der Schaffner den Stempel auf das korrekte Datum kontrollierte, die Fahrscheine stempelte und mit dem Stiel des Stempels den Schein aus dem Stapel blätterte und abriss. Wenn alles bereit war, zog er kräftig an einem Lederriemen an der Decke des Wagens, um dem Fahrer und den Fahrgästen per Klingel das Signal zur Weiterfahrt zu geben. Die Sitze waren aus Holzleisten, der Boden der Wagen bestand aus einem Holzrost, in dessen Fugen bei Regen das Wasser schwappte. Der Geruch des Holzes und der Ton der Klingel sind wie eine Zeitreise in meine Kindheit.

Falls Sie Ihre Erinnerungen auffrischen oder mit Ihren Kindern einen Ausflug in die „gute alte Zeit" machen wollen, gibt es einen Ort in Nürnberg, an dem Sie das tun können. Das Historische Straßenbahndepot St. Peter ist ein Museum, das Sie in diese Zeit zurückversetzt und die Oldtimer des öffentlichen Nahverkehrs seit dem 19. Jahrhundert in einer familiengerechten Ausstellung zeigt. Die „Freunde der Nürnberg-Fürther Straßenbahn" präsentieren hier aber auch in liebevoller Weise alles Historische und Wissenswerte zum Anfassen.

TIPP

Einfach mal 'nen Bus mieten!

Manche der Bahnen sind noch betriebsbereit, und so werden das ganze Jahr über Stadtrundfahrten in den alten Zügen angeboten. Jedes erste Wochenende im Monat können Sie in den historischen Fahrzeugen um die Altstadt herumfahren, und jeden Montag im Sommer auch zweistündige Stadtführungen von der Schiene aus erleben. Während des Christkindlesmarktes gibt es von mittwochs bis sonntags Fahrten mit Lebkuchen und Glühwein in Bahnen aus den 1920er- bis 1950er-Jahren. Für private Feierlichkeiten können Sie sogar alte Omnibusse oder Straßenbahnen mieten.

Historisches Straßenbahndepot St. Peter, Schlossstraße 1, 90478 Nürnberg

ÖPNV: Straßenbahn 6, Bus 36, Haltestelle Peterskirche. Während der Öffnungszeiten mit der „Historischen Burgringlinie 15", stündlich ab Hauptbahnhof

hkeit geschlossen zu halten.
ober bis 15. April
estellen geöffnet werden.

Alle Jahre wieder

11 *Picknick bei klassischer Musik*

Alljährlich an zwei Sommernachmittagen setzt in der Stadt eine wahre Völkerwanderung ein. Tausende von Menschen, bepackt mit Decken, Klappstühlen, Körben voll Besteck und Plastikschüsseln, aber auch mit Tapeziertischen und Kerzenleuchtern, kommen mit Rädern, Bussen oder Straßenbahnen und besetzen eine große Wiese im Süden Nürnbergs, den Luitpoldhain.
Diese Wiese wird zum Schauplatz eines gigantischen Picknicks, bei dem Jung und Alt, Studenten und Arbeiter, junge Familien und Rentnergruppen zusammenkommen. Man lacht gemeinsam, tauscht Kostproben der mitgebrachten Leckereien aus, lächelt auch den an, der auf der Suche nach seinen Freunden auf die Decke tritt, und freut sich auf die Dinge, die da kommen. Kein Schreien und kaum ein lautes Wort übertönt das Grundrauschen des Stimmengewirrs von mehreren Zehntausend Menschen. Von der Wiese ist bald nichts mehr zu sehen, nur noch Bäume und Büsche ragen hervor – und mehrere Lautsprechertürme.
Doch nicht Rockmusik oder Schlagergrößen vereinen diesen nahezu repräsentativen Querschnitt der Nürnberger Bevölkerung und ihre angereisten Gäste, sondern die Open-Air-Konzerte der beiden großen Nürnberger Symphonieorchester. Seit dem 950-jährigen Stadtjubiläum im Jahre 2000 findet das „Picknick im Park beim Klassik Open Air“ statt und lockt im Schnitt mehr als 60.000 Besucher an, oft jedoch deutlich mehr.
Andächtig lauschen dann die Massen bei Sekt und Bier, Kanapees oder Käsewürfeln ausgewählten Werken der klassischen Musik, Filmmusiken aus bekannten Hollywoodproduktionen oder bekannten Walzern. Dabei wird durchaus auch mitgeklatscht oder vieltausendstimmig der Kanon „Bruder Jakob“ (Frère Jacques) gesungen, dirigiert im Dunkeln mit leuchtenden Taktstöcken. Spektakulärer Schlusspunkt ist zwar das abschließende Feuerwerk zur Musik, der Höhepunkt der Herzen aber ist der magische Augenblick, wenn zu einem romantischen Werk der Klassik die bereitgehaltenen Wunderkerzen erstrahlen und die Wiese in einen Sternenhimmel verwandeln.

Klassik Open Air im Luitpoldhain
https://klassikopenair.nuernberg.de
ÖPNV: Straßenbahn 8, Bus 36, 55, Haltestelle Meistersingerhalle, Straßenbahn 6, Haltestelle Doku-Zentrum

ROSSMANN

Der Kunstbrunnen

12 *„Hexagonal Water Pavilion“*

2012 zeigte das Neue Museum zum ersten Mal die begehbare Wasserinstallation im Rahmen einer Sonderausstellung – und sie wurde wirklich beinahe ein Wahrzeichen der Stadt, so wie es die Chefin des Museums prophezeite. Eine Vielzahl von Düsen erzeugt sechzehn Wasserwände, die in Intervallen sprudeln, sodass man die verschiedenen Abteile begehen kann, aber unter Umständen etwas warten muss, um auch trocken wieder hinauszugelangen.

Kinder begeistert der Brunnen ganz besonders, denn sie lieben das Überraschende und quietschen vor Vergnügen, wenn eine der Wasserwände gerade dann hochschießt, während sie drüberrennen. An heißen Sommertagen machen Kindergärten sogar Ausflüge zum Brunnen, und die Erwachsenen schauen ihnen nicht nur gerne zu, sondern freuen sich selbst über den kühlenden Wassernebel und den kleinen Nervenkitzel beim Gang über das Metallgitter.

Zwar befindet sich der Klarissenplatz nahe dem „Haupteingang“ zur Altstadt gegenüber dem Hauptbahnhof und bietet das Passepartout für die spektakuläre Glasfassade des Neuen Museums. Aber eingerahmt von Stadtmauer und dem Hotel Victoria, wird der Platz nicht ohne Weiteres von Touristen entdeckt und ist dadurch nicht überfrequentiert. Vielleicht auch deswegen sprudelte sich der Brunnen in kürzester Zeit in die Herzen der Nürnberger.

Deshalb kaufte das Neue Museum den Brunnen 2013 mithilfe von Mäzenen, Sponsoren und Spenden der Nürnberger Bevölkerung. Nun steht Nürnberg in prominenter Reihe mit der Biennale in Venedig, dem Rijksmuseum in Amsterdam und verschiedenen anderen Museen und Galerien weltweit, die auch einen „Wasserpavillon“ von Jeppe Hein ihr Eigen nennen. So erfreut der Kunstbrunnen nun jeden Sommer Nürnberger und Besucher und füllt den sonst so ruhigen Platz mit wahrlich sprühendem Leben.

Am Abend ist der Brunnen beleuchtet, dann ist das Wasserspiel nicht mehr der Spaßbrunnen, sondern bietet ein optisches und akustisches Schauspiel für Flaneure und die Gäste der umliegenden Gastronomie.

Neues Museum, Klarissenplatz, 90402 Nürnberg
nur von Mai bis September
ÖPNV: S1, S2, S3, S4, U1, U2, U3, Straßenbahn 5, 7, 8, Bus 43, 44, Haltestelle Hauptbahnhof

Idyllischer Badesee

13 *Der Langsee*

Seit Jahrzehnten begeben sich Menschen auf den Weg durch das alte Villenviertel im Stadtteil Mögeldorf, um heiße Sommertage an einem kleinen Natursee zu verbringen.
Der Langsee liegt im Naherholungsgebiet Pegnitztal und wird vom ältesten Sportverein Bayerns, dem TSV 1846, betrieben. In dem von Grundwasserquellen gespeisten See lernten Generationen entweder das Schwimmen oder trainierten schon im April bei eisigen Wassertemperaturen Schwimmen oder Wasserball. Relikte aus dieser Zeit sind die Stege, die einen Teil des Sees auf 50 Meter einteilen. Ein weiterer Steg begrenzt einen Bereich für Seerosen, brütende Blesshühner oder einen Graureiher, der hier Station macht.
Das Publikum am Langsee besteht überwiegend aus jungen Erwachsenen, die gerne im kalten, aber naturbelassenen Gewässer schwimmen, und wenigen Familien mit kleinen Kindern, für die oberhalb des Sees zwei Edelstahlbecken errichtet wurden. Das Planschbecken für die Kleinsten ist sogar beheizt. Etliche ältere Besucher kommen aus alter Verbundenheit und genießen die familiäre Atmosphäre und den gepflegten, schön zwischen Pegnitz und dem See gelegenen Liegebereich, der im hinteren Teil auch einen FKK-Bereich bietet. Dass das Publikum seinen Langsee liebt, sieht man auch an der Sauberkeit des Geländes, das selbst an den besucherreichsten Tagen immer aufgeräumt wirkt.
Da der Parkplatz des Bades nicht groß ist und das umliegende Wohngebiet noch weniger Platz für Autos bietet, wandert man besser von der Bushaltestelle zwanzig Minuten durch das idyllische Pegnitztal und erfrischt sich dann im See oder bei einem kühlen Getränk im ebenso familiären Biergarten.
Die schönste Tageszeit für einen Besuch ist der frühe Abend. Dann sind viele Besucher auf dem Heimweg, und die Sonne schimmert durch das Blätterdach der alten Bäume. Zu dieser Zeit wird aus dem See einer der romantischsten Orte in Nürnberg.

Langseebad, Ebenseestraße 35, 90482 Nürnberg
ÖPNV: Straßenbahn 8, Haltestelle Erlenstegen, Bus 40, 45, 95, Haltestelle Goldhammer

Comic- und Spieleparadies

14 *Ultra Comix*

Wenn man in der südlichen Fußgängerzone Darth Vader begegnet, wenn Mädchen mit schrillem Make-up und gefärbten Haaren in farbenfrohen Kleidern kichernd beieinander stehen und Erwachsene vor bunt dekorierten Schaufenstern in Ritterrüstung herumstolzieren, dann befindet man sich vor dem größten Comic-Shop Europas – und in bester Gesellschaft. Denn hierher kommen Menschen aus allen Ecken Deutschlands, aus aller Welt und jeden Alters, um ihre Leidenschaft mit anderen zu teilen.

Das recht geräumige, frühere Teppichgeschäft platzt aus allen Nähten und ist gerade deswegen ein Paradies. Denn es führt alles, was der Comicfan sich wünscht oder was Rollenspieler erträumen können. Dutzende von Regalmetern sind dicht gefüllt mit Mangas und Treffpunkt vor Begeisterung quietschender Mädchen. Die tauschen hier Telefonnummern aus und knipsen Selfies. Im Keller finden die Fans Kostüme und Schminke, Rüstungen und Plastikohren und verwandeln sich in Orks, Ritter oder Elfen. Hier tauscht man Spielkarten und trifft sich im Saal im zweiten Stock zu Spieletests oder -conventions. Eltern der jüngeren Fans sind etwas irritiert – einerseits froh, dass ihr Nachwuchs im wirklichen Leben mit realen Freunden spielt, andererseits sind ihnen die Verkleidungen der Rollenspieler fremd und die Begeisterung etwas unheimlich. Aber die realen Verkäufer haben ihren Laden gut im Griff und freuen sich an harmlosen Schrullen der Fans, die in den Verkaufsräumen schon mal im Kreis sitzen und Lieder zu Gitarrenbegleitung anstimmen. Schilde und Schwerter inspirieren natürlich ungemein, aber zu großer Spielfreude erwachsener Cosplayer wird in der „Waffenkammer“ mit dem Hinweis „Wer kämpft, der kauft“ Einhalt geboten. Ganz harmlos hingegen stehen Tim und Struppi als Kunststofffiguren und das gallische Dorf im Schaukasten. Regionale Cartoonisten glänzen mit Originalgrafiken, die hier neben den Büchern auch verkauft werden. Und da Ultra-Comix ganz offiziell eine Buchhandlung ist, bestellt der Pfarrer hier auch seine Bibeln.

Ultra Comix, Vordere Sterngasse 2, 90402 Nürnberg
www.ultra-comix.de
ÖPNV: U1, Haltestelle Lorenzkirche

Bruno Cathala
Kingdomino
€ 249,-
NG STOR

Dem Himmel so nah

15 *Das Moorenbrunn Feld*

Verzeihen Sie mir, wenn ich versuche, Sie für ein Gelände zu begeistern, das auch von zahlreichen Hundebesitzern zum Gassigehen genutzt wird. Aber das „Moorenbrunn Feld" ist viel zu schön, um es nur als Hundewiese zu nutzen.

Nicht weit entfernt von den Sehenswürdigkeiten der Stadt ist eine Landschaft zu entdecken, die auf nur etwa 800 mal 300 Metern eine Idylle bietet, wie man sie an dieser Stelle nicht erwartet. Denn in der Regel besteht die Natur rund um Nürnberg meist aus Wäldern oder Flusslandschaften. Das Feld hat aber andere, vielfältige Erscheinungsformen, die auch nach zahlreichen Besuchen aufs Neue begeistern.

Weite Ginsterfelder, die Ende des Frühlings für eine gelbe Wand sorgen, steppenartige Flächen, die je nach Blütezeit grün, rötlich oder weißviolett schimmern. Wiesen mit wogendem grünem Gras, aus dem mit schönem Kontrast weiße Birken wachsen. Große Pappeln, Eichen, Buchen und Eschen ragen aus der Wiese, und dahinter krümmen sich pittoreske Kiefern, so skurril geformt, dass man an fernöstliche Religionen denken muss, die darin Götter sehen.

Jede Jahreszeit hat ihre Stars. Im Frühling erfreut man sich an prächtig blühenden Obstbäumen und Fliederbüschen. Im Sommer blühen Rosen- und Hagebuttensträucher, und das Bienengesumme sorgt für die Hintergrundmusik. Zeitweise sind Schafe zu Gast, die unter dem Schatten der Bäume Zuflucht vor der Mittagssonne suchen.

Auch der Winter sorgt für ein Empfindungsabenteuer – die Kiefern tauchen dann schemenhaft aus dem Nebel auf und sorgen für eine leicht unheimliche Stimmung. Und wenn kalter Wind über das Feld weht und Schnee an den Grasbüscheln aufhäuft, fühlt man sich ein wenig wie in Sibirien.

Der überwältigendste Eindruck ist jedoch, dass man hier so viel Himmel sieht wie sonst an kaum einem anderen Platz in der Stadt. Das Wolkenspiel kann beeindruckend sein, Regen sieht man schon von Weitem kommen. Und der Himmel wirkt unendlich.

- **An der Gleiwitzer Straße, Zufahrt über Schreiberhauer Straße**
- **ÖPNV: Bus 54, 57, 59, Haltestelle Gleiwitzer/Liegnitzer Str.**

Geheimtipp für Fotografen

16 *Das Parkhaus Adlerstraße*

Die Aussicht über Nürnberg von der Burg aus ist sehenswert. Von der Burgfreiung aus hat man einen tollen Blick auf die beiden großen gotischen Kirchen, das Rathaus und die nahezu komplett erhaltene mittelalterliche Stadtmauer – kurz, dieser Ausblick gehört sicher zu den beeindruckendsten Ansichten einer deutschen Großstadt.
Schade nur, dass einem dabei meistens die Sonne ins Gesicht scheint – und die Burg selbst im Panorama fehlt. Es gibt aber auch kaum hohe Gebäude gegenüber der Burg, die auch für Besucher zugänglich wären. Der Aufstieg auf die Türme der Sebaldus- oder Lorenzkirche ist nur bei seltenen Anlässen möglich. Und wer klingelt schon bei fremden Menschen und bittet um Einlass für einen Blick über die Stadt?
Dabei kann das Leben doch so einfach sein. Für Panoramaaufnahmen der Altstadt einschließlich der Kaiserburg gibt es einen Ort, der das Herz jedes Fotografen höher schlagen lässt:
Fahren Sie in die Adlerstraße. Am hinteren Eingang des Kaufhauses Karstadt befindet sich das Parkhaus Adlerstraße. Fahren Sie ins oberste Stockwerk und genießen Sie den Blick auf Augenhöhe mit der Burg, den Kirchen und dem innersten Altstadtring.
Ich finde die Aussicht abends am schönsten, dann ist die ganze Stadt beleuchtet. Kurz nach Sonnenuntergang, zur „blauen Stunde", wenn der Himmel das letzte Licht des Tages zeigt, werden die Fotos am besten, dann sehen Sie auch noch die unbeleuchteten Dächer und Türme der Altstadt als Silhouetten. Frühaufsteher sehen bei Sonnenaufgang natürlich dasselbe, haben aber keine beleuchteten Sehenswürdigkeiten.
Zwei kleine Wermutstropfen gibt es allerdings: Leider taugt der Tipp nicht zur Eröffnung des Christkindlesmarktes. Man sieht nur die Uhr der Frauenkirche, aber nicht den Balkon, von dem aus das Christkind den Prolog zur Eröffnung hält. Und: An Silvester ist das Parkhaus leider geschlossen.

TIPP Zum Fotografieren auch bitte hier parken. Der Eintritt ins Parkhaus ist nur mit geparktem Auto gestattet.

Parkhaus Adlerstraße, Adlerstraße 4-8, 90403 Nürnberg
www.phadler.de

Abenteuerspielplatz Natur

17 *Der Röthenbach*

Sie suchen Entspannung und gute Luft? Sie brauchen Abkühlung nach einem heißen Sommertag in der Stadt? Sie haben Kinder oder einen Hund, die gern im Wasser planschen und „Indiana Jones" spielen? Sie stecken auch selbst gerne die Füße ins kühle Nass und freuen sich über eine romantische Waldlandschaft?

Dieses Idyll, das all diese Bedürfnisse erfüllt, befindet sich am Rande der Exklave Brunn, einem Stadtteil Nürnbergs abseits von fast allem, im Lorenzer Reichswald. Nach dem Verlassen des Stadtbusses müssen Sie noch 1200 Meter eine ruhige Nebenstraße entlang bis kurz nach der Autobahnbrücke laufen, aber seien Sie versichert – das ist es wert! Am kleinen Parkplatz angekommen, nehmen Sie den Trampelpfad rechter Hand. Schon hier weist Ihnen das Rauschen eines kleinen Wehrs den Weg, der Pfad führt Sie nach wenigen Metern zum Bachlauf.

Durch ein sanftes Tal und unter umgestürzten Bäumen hindurch schlängelt sich der Wasserlauf mit sanfter Strömung durch den Wald. Dichtes Grün, Farne und Schachtelhalme verstärken den Eindruck von Urwald. Doch das Bett des Wasserlaufs ist feinsandig und das Wasser glasklar, die Strömung hat Muster im Bett gezeichnet, an etlichen Biegungen sorgen kleine Sandbänke für einen bequemen Zugang zum Bach und ermöglichen leicht ein erfrischendes Fußbad im kühlen Nass.

TIPP Handtücher mitnehmen – wenn man den Bach sieht, will man unbedingt hinein!

Wilde Tiere gibt es hier nicht, Vorsicht erfordern höchstens die Biker, die das Gelände auch für sich entdeckt haben. Kleine Abenteurer können die Schleifen, die das Wasser durch den Wald gegraben hat, barfuß erkunden, ohne Angst vor Steinen oder gar Scherben haben zu müssen. Die Bäume liegen so tief über dem Bachbett, dass man Kindern beim Balancieren leicht Hilfestellung geben kann. Die Geräusche der Zivilisation werden durch den dichten Wald gedämpft und sind bald unbewusste Nebensache. Was haben Forscher herausgefunden? Aufenthalt im Wald senkt den Blutdruck, erfrischt und verhilft zu einem längeren Leben. An dieser Stelle kann man also etwas erleben und für die Gesundheit sorgen.

Heiligenmühlstraße, 90475 Brunn

ÖPNV: Bus 54, Haltestelle Brunn Schleife. Aus dem Ort nach Norden laufen, nach der Autobahnbrücke ist gleich links ein Parkplatz.

Heimelige Retrokneipe

18 *Salon Regina*

Wer eine lockere Atmosphäre schätzt, sich über eine kreative Speisekarte mit leckeren, kleinen Gerichten freut und einen charmanten Retrolook mag, der sollte unbedingt im Salon Regina Station machen. Schon allein das Ambiente ist den Weg wert. Heike, die Besitzerin, hat ihrer Sammelwut lange Zeit freien Lauf gelassen und ihren ganz eigenen Traum von Gastronomie stilsicher umgesetzt. Der Besucher wundert sich, dass dieses Sammelsurium so gut zusammenpasst und ein heimeliges Wirtschaftswunderflair mit Anklängen an einen Trödelladen vermittelt. Dazu gehören natürlich Plastik-Gartenstühle in klassischem Beige und Klappbänke mit Sitzkissen. Sogar die gepunkteten, roten und himmelblauen Wachstuchtischdecken scheinen vom Requisiteur eines Films zu stammen. Die Blümchentapeten sind das i-Tüpfelchen dieser Spät-Fünfzigerjahre-Ausstattung. Die wird liebevoll und überzeugend unterstrichen mit dem Design der Speisekarte, die so aussieht, als wäre sie noch zu Lebzeiten Heinz Erhards verfasst worden.
Wer darüber hinaus Perfektion sucht, ist fehl am Platze. Denn Lockerheit ist angesagt am Rande des Gostenhofer Multikulti-Kiezes. Meist ist der Platz auf den winzigen Tischen knapp, und wenn selbst die Fritz-Kola-Kästen mit Brett alle belegt sind, müssen die eigenen Knie herhalten, um die großzügige Portion der leckeren „Ei da Thai“-Rühreier mit asiatischem Gemüse und Kokosmilch oder die sogar von der „Süddeutschen Zeitung“ gerühmte Currywurst einigermaßen anständig zu verzehren. Dazu gibt es leckeres Bier aus der benachbarten Schanzenbrauerei, Brot aus regionaler Herstellung und zum hausgemachten Kuchen Kaffee von der „Rösttrommel“ ums Eck.
Richtig lustig wird's beim monatlichen „Heimatabend“. Traditionelles Liedgut wird vom Duo mit Ziehharmonika und Gitarre dargeboten, ein Liederbuch zum Mitsingen liegt aus, und die Musiker freuen sich über einen kleinen Obolus im herumgehenden Hut.

Salon Regina, Fürther Straße 64, 90429 Nürnberg
www.salonregina.de
ÖPNV: U1, Haltestelle Gostenhof, Bus 34, Haltestelle Gostenhof West

RÖSTTROMMEL
link gemüse
Die Wurst & das Fleisch liefert uns Metzger
Dürsch.
So schmeckt die Wurst.
Das Brot backt für uns
Hilde's BACKWUT
Der Kaffee ist von der
RÖSTTROMMEL
KAFFEERÖSTEREI
Kuchen backen wir selber!
Salon Regina

Ungewöhnlicher Szenetreff

19 *Der Schnepperschütz*

Wieso diese Wiese so lange einen Dornröschenschlaf geführt hat, weiß eigentlich keiner. Denn offenbar haben die Nürnberger nur darauf gewartet, ein Gelände wieder in Besitz nehmen zu können, das der Rat der Stadt schon 1434 gekauft und den Einwohnern zur Verfügung gestellt hat. Es ist somit der früheste dokumentierte Erholungsraum einer mittelalterlichen deutschen Großstadt.
Mit Gespür für eine gute Lage hat Ralf Siegemund diesen Ort entdeckt. Einiges an Kreativität brauchte der studierte Künstler allerdings, denn eine Bedürfnisanstalt im Unterbau einer Pegnitzbrücke erschließt sich nicht jedem als passender Ort für ein Café.
So musste er vier Jahre lang für die Realisierung seiner Idee kämpfen, denn obwohl er schon als Gastronom in Nürnberg erfolgreich war, ließen sich die Verantwortlichen der Stadt so lange Zeit, um ihm die Genehmigung für die komplette Entkernung und Nutzung der ehemaligen Toiletten zu erteilen.
An einem kleinen Tor durch die Nürnberger Stadtmauer gelegen, ist die Hallerwiese seit jeher ein Nadelöhr für Fußgänger und Radfahrer auf dem Weg zwischen Altstadt und der Nachbarstadt Fürth. Die Wiese entlang des Weges ist gewissermaßen auch der Vorgarten des alten Stadtteils St. Johannis. So benötigte der „Schnepperschütz" bei seiner Eröffnung 2009 auch keine besondere Werbung, um die Massen anzulocken. Seitdem trifft sich hier von April bis Oktober ein Querschnitt der Einwohner Nürnbergs, um bei vorzüglichen Brotkreationen, einer fachkundigen Weinauswahl und regionalem Bier die frische Luft zu genießen, Zeitung zu lesen, die Kinder zu lüften und soziale Kontakte zu pflegen. Platzmangel herrscht hier nie. Wenn das Mobiliar besetzt ist, wird die Treppe an der Brücke zur zweiten Terrasse und die Wiese mit mitgebrachten Decken zum gemütlichen Sofa erweitert.
Der leckere Kaffee und die Kuchen führen einen allerdings schon ab 7.30 Uhr morgens in Versuchung, den Weg zur Arbeit zu unterbrechen. Oder ganz einfach, um einen Stadtrundgang stimmungsvoll zu beginnen.

- **Café Schnepperschütz, Am Hallertor 3, 90403 Nürnberg**
- **ÖPNV: Straßenbahn 4, 6, Bus 36, Haltestelle Hallertor**

Autoklassiker kostenlos

20 *Das Ofenwerk*

Ich nehme an, Herr Riedhammer ist ein glücklicher Mann. Die Firma, die er in dritter Generation leitete, gilt weltweit als führend im Industrieofenbau. Zur rechten Zeit veräußerte er den Großteil des Werks an einen Partner und kann sich nun, nach einer spannenden Übergangszeit, an seinem neuen Projekt erfreuen.

Die leer stehenden Gebäude stehen unter Denkmalschutz, eine Nutzung als Lagerhallen erwies sich als nicht wirtschaftlich. Aber schon seit seiner Studienzeit schwärmt Peter Riedhammer für englische Autos, und das historische Ensemble bot sich für ebenso historische Fahrzeuge an.

Die Frage, was tun mit den leeren Fabrikhallen, war beantwortet. Da seine italienischen Partner aus Imola stammen, war es kein Kunststück, auch sie von dem Projekt zu begeistern. Der ursprüngliche Plan, ein Museum zu errichten, war bald vom Tisch, nun vermietet man die Hallen an Besitzer historischer Autos sowie an Handwerker und Firmen, die sich der Instandhaltung solcher Kostbarkeiten verschrieben haben. So findet man auf den knapp 10.000 Quadratmetern mehr als dreißig Firmen: verschiedene Kfz-Werkstätten, darunter auch solche zum Anmieten, einen Sattler für Motorradsitze, einen Hersteller von Motorradbrillen und einen Service für US-Motorräder. Die Klassiker des Automobilbaus stehen dank Werkschutz sicher bei Tag und Nacht, denn unter den automobilen Schätzen befinden sich nicht nur wunderschön restaurierte 2CV oder VW Käfer, sondern auch Mercedes, Jaguar, Rolls-Royce und andere Kostbarkeiten. All das gibt es für die Besucher ohne Eintritt zu bestaunen, ebenso den Blick in die gläsernen Werkstätten. Allerdings ist das Ofenwerk wirklich kein Museum, und obwohl hier alle mit Herzblut dabei sind, müssen die Handwerker Termine einhalten. Insofern sollten wissbegierige, glückliche Besucher die Handwerker nicht zu lange von der Arbeit abhalten.

TIPP **Die Hallen können auch als originelles Ambiente für Feiern gebucht werden, die Cateringfirma ist im Hause!**

Ofenwerk, Klingenhofstraße 72, 90411 Nürnberg
www.ofenwerk.de
ÖPNV: Bus 32, Haltestelle Bennostraße, U2, Haltestelle Herrnhütte

British Car Corner
TRIUMPH

'ne heiße Suppe gefällig?

21 *Suppdiwupp*

Nürnberg ist der Nabel der deutschen Foodtruck-Welt. Nirgendwo sonst in der Republik gibt es so viele Trucks, nirgends gibt es diese Vielfalt des rollenden Fastfoods. Die Aufgeschlossenheit der Kundschaft sorgt für Erfolg und eine wachsende Fangemeinde. Sogar per App kann man orten, welcher Truck in der Nähe parkt und ob es mittags Burger oder Pasta gibt. Regelmäßig finden Foodtruck-„Round-ups“ statt, bei denen auch zweimal im Jahr der geräumige Vorplatz der Nürnberger Messe mit Trucks und Besuchern gefüllt ist und neue Kreationen getestet werden. Dazu kommen Trucks sogar aus München und Hamburg.

Bei aller Lust am Experimentieren erfreut sich allerdings ein Klassiker so großer Beliebtheit, dass man neben dem Laden in der Nürnberger Altstadt nun auch mit zwei Trucks die Region versorgt. Denn das „Suppdiwupp“ setzt seit Jahren auf Suppen und Eintöpfe. Wer seinen Imbiss zur Mittagszeit nicht immer nur mit Döner oder Hamburger bestreiten will, sondern eine leichtere Mahlzeit bevorzugt, für den ist eine Suppe genau das Richtige. Die Zutaten sind regional, ökologisch und superlecker. Und Sie glauben gar nicht, welche Auswahl es an Suppen geben kann! Mag sein, dass es daran liegt, dass bei den Kreationen ein Sternekoch mitgeholfen hat.

TIPP Samstags gibt's die „Erste Nürnberger Schäuferlasuppe mit Miniknödeln und Kruste“!

Auf der sehenswerten Website können Sie alle Suppen ansehen – und die Karte wird ständig erweitert. Jedoch besteht das Angebot immer nur aus zwei wechselnden Tages- und zwei Wochensuppen. Alles andere würde die immer ausgezeichnete Qualität verderben. Und es erleichtert die Qual der Wahl ungemein. Neben Klassikern wie „Omas Linseneintopf“ oder „Chili con Carne" umfasst das Angebot auch exotische Rezepte wie „Arabische Erbsen-Apfel-Minze-“ oder „Ash-E-Mast-Iranische Joghurtsuppe“.

Zusätzlich zum Laden und den Foodtrucks bietet Suppdiwupp auch ein Catering bei Events. Für kleinere Veranstaltungen kommt dann „Bernado“, ein putziger, dreirädriger Piaggio Ape.

Suppdiwupp, Lorenzer Straße 27, 90402 Nürnberg
www.suppdiwupp.com
ÖPNV: Straßenbahn 8, Haltestelle Marientor

10

Eisenbahn zum Anfassen

22 *Das DB-Museum*

Wo kann man erleben, wie riesig eine Dampflokomotive ist? Wo kann man erfahren, wie sie funktioniert? Wo kann man Deutschlands älteste und jüngste Lokomotiven ansehen und anfassen? Das alles und viel mehr ist im Verkehrsmuseum Nürnberg möglich. Welcher Ort wäre auch passender für ein DB-Museum als die Stadt, in der 1835 die erste Dampfeisenbahn Deutschlands fuhr?

Von außen kann der Nachbau des „Adlers" bewundert und mit einem Modell des ICE verglichen werden. Im Inneren befinden sich in der Fahrzeughalle I unter anderem Originalwagen des Hofzugs des bayerischen Königs Ludwigs II., ein Salonwagen Otto von Bismarcks oder eben auch der letzte erhaltene Originalwaggon der ersten deutschen Eisenbahn. Beeindruckend die Radgröße von über 2 Metern der Bayerischen S 2/6, der ersten stromlinienförmigen Lok. Aber auch die weltweit größte Spur-N-Sammlung mit über 1900 Fahrzeugen sowie eine beeindruckende Sammlung von 60 Modellen im Maßstab 1:10, die zwischen 1880 und 1994 entstanden, sind Anziehungspunkt nicht nur für Liebhaber. Eine weitere Attraktion des sogenannten „Modellariums" ist eine H0-Modellbahnanlage, die über ein originales Gleisbildstellwerk gesteuert wird.

TIPP Seit Frühjahr 2018 ist die neue Dauerausstellung „1990-2020" mit Multimedia und „Holodeck" zu sehen!

Im „Kinderbahnland" können die Kleinen eine Rundfahrt auf einer 5-Zoll-Bahn machen oder mit Brio- und Playmobil-Eisenbahnen spielen. Für Klein und Groß interessant: die virtuelle Eisenbahnfahrt in einem echten Führerstand.

Das Museum wurde in den letzten Jahren grundlegend erneuert. Der Rundgang wurde so überarbeitet, dass Besucher von den Anfängen bis zur deutschen Wiedervereinigung sowohl einen technischen Überblick als auch die sozialen und kulturellen Auswirkungen der Eisenbahnentwicklung zeitgemäß präsentiert bekommen. Im Außenbereich mit Gleisanschluss werden neuere und noch fahrtüchtige ältere Bahnen ausgestellt. Bei besonderen Jubiläen kann man hier auch noch auf dem Führerstand einer Dampflok mitfahren und eine Schaufel Kohlen in den Kessel werfen.

DB Museum Nürnberg, Lessingstraße 6, 90443 Nürnberg
www.dbmuseum.de
ÖPNV: U2, U3 Haltestelle Opernhaus

23 *Das Cinecittà Multiplexkino*

Harry Potter und Luke Skywalker gehen hier überlebensgroß ein und aus, Mario Adorf, Elyas M`Barek, Hannelore Elsner und andere Größen waren schon zu Besuch, und selbst der Franken-Tatort feiert seine Premieren in Deutschlands größtem und erfolgreichstem Kinokomplex. Auch ich verbringe hier seit der Einweihung des Baus im Jahr 1995 regelmäßig einen Teil meiner Freizeit und freue mich jedes Mal über diesen Medientempel, der bereits als Baugrube spektakulär war.
Schon der erste Bauabschnitt war beeindruckend. Aufgrund der Vorgaben für Bauten in der Nürnberger Altstadt musste auch der zweite Abschnitt für das IMAX-Kino mit seiner 600 Quadratmeter großen Leinwand tief gegraben werden. Der Saal liegt sieben Stockwerke unter der Erde, die Baugrube war mit 35 Metern die tiefste in Deutschland.
Obwohl die unterirdischen Gänge oder die 9 Rolltreppen hinab zum „Cinemagnum" verwirrend wirken könnten, fühlt man sich immer wohl hier. Besitzer Wolfram Weber hat im „Cine" konsequent das erfolgreiche Konzept seines ersten Kinos umgesetzt. Die „Meisengeige" beim Laufer Schlagturm war eine Bäckerei, bevor die Webers eine Kneipe eröffneten, wo zunächst zum Bier Filme gezeigt wurden und später daraus das erste Nürnberger Programmkino wurde.
Auch im Cinecittà macht die Gastronomie einen großen Teil des Erfolges aus. Und die Qualität hat sich in den mehr als zwanzig Jahren seit der Eröffnung nicht verändert. Es gibt eine Trattoria mit dem besten Salat der Stadt und wöchentlich wechselnden Gerichten, ein „Diner" mit prima Hamburgern, eine Tapas-Bar und ein asiatisches Restaurant. Zahlreiche Theken mit kleinen Gerichten und Getränken befinden sich zwischen den 22 Kinosälen. Da es Mitte der Neunziger kaum Vorbilder für einen Kinokomplex dieser Größe gab, hat Weber die Inneneinrichtung maßgeblich selbst entworfen. Dass die Film- und Klangtechnik auf dem neuesten Stand ist, braucht kaum extra erwähnt zu werden. Sogar Konzerte und Ballett-Aufführungen der Metropolitan Opera in New York werden live ins „Cine" übertragen.

Cinecittà Multiplexkino, Gewerbemuseumsplatz 3, 90403 Nürnberg
www.cinecitta.de
ÖPNV: U2, Staßenbahn 8, Haltestelle Wöhrder Wiese

Kino 1
Demnächst
Veranstaltungen

Idyll mit Lehrauftrag

24 *Der Hummelsteiner Park*

Eingebettet in ein Arbeiterviertel, nicht weit entfernt von der Technik- und Metallindustrie Nürnbergs und gesäumt von Einfamilienhäusern, liegt recht versteckt in der Nürnberger Südstadt ein Park.
Selbst aus der Nähe übersieht man leicht dieses Kleinod. Aber nach dem Eintritt in den Park eröffnet sich dem Besucher der Blick auf ein unvermutet großes Gelände und auf ein mehrstöckiges Gebäude, eingefasst von Hecken, einer Mauer und einem sanften Graben – ein Überbleibsel aus der Zeit, als das Anwesen von Teichen umgeben war. Ein betuchter Nürnberger Patrizier hatte sich das Anwesen im 15. Jahrhundert vor den Toren der Stadt als Lustschloss erbauen lassen. Seine heutige Gestalt erhielt das Schloss 1720 durch den damaligen Besitzer, den Arzt Michael Friedrich Lochner, der hier einen der schönsten Hesperidengärten Nürnbergs anlegte mit Zitrusfrüchten, aber auch pharmazeutischen Pflanzen. Aus dieser Zeit stammen auch die Steinfiguren an der Ostseite des Gebäudes, die die vier Jahreszeiten symbolisieren.
In der Neuzeit ist der Herrensitz in den Besitz der Stadt übergegangen und beherbergt nun Privatwohnungen und ein umweltpädagogisches Zentrum. Der umgebende Garten ist aber immer noch ein Idyll: Zum einen ein hübscher Spielplatz für die Kleinen und ein klassisch gestalteter Heckengarten in Anlehnung an die Hesperidengärten des Barock, zum anderen dient der Garten schon seit 1925 als Schulgarten des benachbarten Sperberschulhauses.

TIPP Da es keinen direkten Zugang vom Park zum Biergarten gibt, muss man außenrum gehen – der kleine Umweg lohnt!

Auch heute helfen Infotafeln Eltern und Kindern dabei, wieder eine Artenkenntnis zu entwickeln. Also ist ein Rundgang durch den Park nicht nur erholsam, sondern auch informativ. In der Nürnberger Südstadt, die nur wenige Parks vorweisen kann, ein Ort der Ruhe und Schönheit. Falls Sie nach so viel frischer Luft Appetit bekommen haben – einer der schönsten Biergärten Nürnbergs grenzt direkt an den Park.

Hummelsteiner Park, Normannenstraße/Ecke Langobardenstraße (hinter dem Sperberschulhaus), 90461 Nürnberg

ÖPNV: U1, Straßenbahn 5, Bus 45, 51, 58, 65, Haltestelle Frankenstraße

Fahrrad als Kult

25 *Eddy would attack!*

Ralf Siegemund sammelt Fahrräder, genauer gesagt Rennräder aus Stahl. Hightech und Carbon sind für ihn eher abstrakte Begriffe, die er möglicherweise mit den unschönen Begleiterscheinungen dieses Sports in Verbindung bringt.
Wenn man ihn über das Radfahren reden hört, erscheinen Bilder vor dem geistigen Auge – ein Schwarzweißfoto von zwei Männern mit Fahrradschläuchen über den Schultern etwa, die auf den Stufen einer Kneipe etwas trinken, ihre Rennräder lehnen an der Hauswand. Man merkt, dass Radfahren für ihn nicht nur ein Zeitvertreib ist. Ralf hat mich im Sommer zu einer Radtour in die Fränkische Schweiz eingeladen, neunzig Kilometer mit mäßigen Steigungen, es würde jemand mit dem Auto hinterherfahren, um die Erschöpften einzusammeln. Sogar ein Kamerateam des Bayerischen Fernsehens fuhr mit. Es hörte sich sehr reizvoll an…
So erklärt sich auch ein neues Projekt, das Oliver Schwarzäugl zusammen mit Siegemund realisiert: eine Fahrradwerkstatt mit Café für Fahrradbegeisterte, Hilfe bei Reparaturen oder Neuanschaffungen. Ungewöhnlichen Örtlichkeiten traditionell verbunden, haben die beiden für die Werkstatt eine ehemalige Schlosserei direkt hinter der Stadtmauer entdeckt. Alte Turnhallenbänke, Möbel mit Patina sowie ein riesengroßer Perserteppich haben den Weg ins Souterrain gefunden. Aber der Kaffe ist frisch und wie üblich ausgezeichnet, ebenso die sehr leckeren, fein belegten Landbrote und die selbst gemachten Kuchen. Fahrräder werden an Ort und Stelle vom Fachmann repariert, zuweilen gibt sich ein DJ die Ehre, um die heimelige Werkstatt noch ein wenig gemütlicher zu machen. Wenn das Café gut besucht ist, stellt sich ein leiser Anflug von WG-Atmosphäre ein. Die Kundschaft bzw. die Gäste sind drahtig und sportlich, eben Radfahrer. Und für mich gibt es noch Chancen, zum Radfahrer zu werden: Bei gutem Wetter starten Sonntagsrundfahrten bei einem gemütlichen Tempo über 60 bis 80 Kilometer.

TIPP

Kleinere Fahrradprobleme werden meist umgehend gelöst!

Eddy would attack!, Frauentormauer 18, 90402 Nürnberg
www.eddywouldattack.de

ÖPNV: S1, S2, S3, S4, U1, U2, U3, Straßenbahn 5, 7, 8, Bus 43, 44, Haltestelle Hauptbahnhof, 5 Minuten Fußweg

Weihnachtsromantik

26 *Die „Kinderweihnacht“*

Denken Sie auch mit Schrecken ans nächste Weihnachtsfest? Sind auch Sie der Meinung, dass Weihnachten nur noch Freude macht, wenn man es mit Kindern verbringen kann?
Der Nürnberger Christkindlesmarkt ist für uns Einheimische eher abschreckend. Besucher aus aller Herren Länder bevölkern die Stadt, man muss ständig darauf achten, nicht in einen Selfiestick zu laufen oder in Rudel von jungen Leuten mit blinkenden Rentiergeweihen auf dem Kopf hineinzugeraten. Um von der südlichen in die nördliche Altstadt zu kommen, plant man besser einen großen Umweg ein.
Dabei gibt es, nur ein paar Schritte vom großen Markt entfernt, seit 1999 einen Weihnachtsmarkt, der noch echte weihnachtliche Romantik bietet: die „Kinderweihnacht“, den Christkindlesmarkt für die Kleinen. Bestimmt fühlen auch Sie sich zurückversetzt in Ihre Kindertage, wenn Sie sehen, wie Kinder sehnsuchtsvoll Puppen oder altes Blechspielzeug anhimmeln und selig mit einem Stab Zuckerwatte, der dreimal so groß ist wie der eigene Kopf, durch den Markt flanieren. Wortfetzen dringen an Ihr Ohr: „Papaa!“, „krieg ich ...?“, „bringt mir das Christkind ...?“, „... musst du auf deinen Wunschzettel schreiben“ – nur übertönt von der Drehorgelmusik des Dampfkarussells, auf dem die Kleinen auf Holzpferden oder in pittoresken Gondeln im Kreis fahren wie schon die Großeltern zwei Generationen früher.
Wer einige der Zwerge mit Mehl auf den Jacken sieht, braucht sich nicht zu wundern – verschiedene Buden laden zum Mitmachen ein, und so gibt es neben der Weihnachtsbäckerei auch eine Kerzen- und Glaswerkstatt, wo die Kinder unter Anleitung selbst Weihnachtsgeschenke basteln können. Im Nikolaushaus können Eltern eigene Geschenkpakete abgeben und die Kleinen vom Nikolaus beschenken lassen.
Höhepunkt ist allerdings die Begegnung mit dem Nürnberger Christkind, einem Nürnberger Mädchen, das für zwei Jahre den Christkindlesmarkt eröffnet und in seinem prächtigen Kostüm auch die Kinderweihnacht besucht. Große Kulleraugen sind garantiert!

Nürnberger Kinderweihnacht am Hans-Sachs-Platz
www.christkindlesmarkt.de
ÖPNV: Bus 37, 46, 47, Haltestelle Heilig-Geist-Spital

KASSE
Ausgang

Jazz unter der Stadt

27 *Das Jazz Studio*

Hatte ich schon erwähnt, dass der Felsen, auf dem auch die Nürnberger Burg steht, ausgehöhlt ist wie ein Schweizer Käse? Seit dem Mittelalter wurde der Sandsteinfels auf vielfältige Weise genutzt. In den weichen Stein grub man Wasserstollen, Keller für Bier und später Luftschutzbunker für Menschen und Kunstschätze. Eine der kreativsten Nutzungen aber ist sicher das Jazzstudio, das als einer der weltweit ältesten Jazzclubs 1954 hier sein Domizil fand, in einem Keller unter einem zerbombten Haus in der Altstadt. Als die Handvoll junger Leute den Keller instand setzte, ahnte noch niemand, was aus diesem Provisorium einmal werden würde. Man war nach dem Krieg einfach froh, diese vorher als „entartet" bezeichnete Musik auch in Deutschland wieder hören zu können.
So trafen sich die Mitglieder des frisch gegründeten Vereins zunächst zum gemeinsamen Hören von Schallplatten. Aber da gerade in den Fünfzigerjahren die Menschen hungrig nach Vergnügen waren und die so lange vermisste Musik live hören wollten, kamen alsbald auch Musiker zu Konzerten in den Keller – so traten hier Max Greger oder Hazy Osterwald mit seinem Sextett auf. Die auf die Auftritte folgenden Jam Sessions sind legendär und dauerten bis in den frühen Morgen.
In den Sechzigerjahren etablierte sich das Jazz Studio und konnte auch internationale Größen nach Nürnberg holen, oft musste man dafür natürlich größere Säle mieten. Allerdings schätzten sogar internationale Größen wie Chet Baker und Chico Freeman ebenso wie Albert Mangelsdorf oder Klaus Doldinger die intime Atmosphäre des Kellers am Paniersplatz und dessen fachkundiges, begeisterungsfähiges Publikum. Mit der Organisation des Festivals „Jazz Ost-West", das seit 1966 alle zwei Jahre veranstaltet wurde, leistete das Jazz Studio Nürnberg in der Zeit des Kalten Krieges einen Beitrag zum Kulturaustausch und zur Verständigung der Systeme. Und natürlich finden auch heute noch bemerkenswerte Musiker den Weg in das einzigartige Kellergewölbe.

Jazz Studio, Paniersplatz 27/29, 90403 Nürnberg
www.jazzstudio.de
ÖPNV: Bus 37, 46, 47, Haltestelle Maxtor

NORMAN GRANZ PRESENTS CONCERT OF MODERN JAZZ
JOHN
JOHN COLTRANE & HIS GROUP
30.
& HIS GROUP

Fränkische Königsmahlzeit

28 *Die Schäufelewärtschaft*

Jede Stadt hat ihre Spezialitäten. Mit Nürnberg verbindet man vor allem die winzigen Bratwürste, die man im Dutzend verspeist, wenn man satt werden will. Das besondere Hauptgericht aber, von dem außerhalb Frankens kaum jemand gehört hat, geschweige denn weiß, was der Name bedeutet, ist das „Schäufele". Wenn sich Franken über viele Dinge streiten, bei der Zubereitung der „fränkischen Königsmahlzeit" herrscht Einigkeit. Hinter dem Begriff verbirgt sich ein Braten, dessen Fleisch aus der Schweineschulter kommt und mit Knochen und Schwarte zubereitet wird. Die Form des Knochens gibt dem Gericht den Namen. Die lange Garzeit sorgt für zartes Fleisch, die hohe Kunst aber besteht darin, dass die Schwarte rösch ist und beim Beißen richtig „knuspert".

Aus Liebe zum fränkischen Klassiker haben sich sogar die „Freunde des Fränkischen Schäufele n.n.e.V." („noch nicht eingetragener Verein") konstituiert und einen „Schäufeleführer" herausgegeben. Die „Schäufele GmbH" betreibt die Gaststätte in der Südstadt: ein typisches Stadtteilwirtshaus, mit Fingerspitzengefühl renoviert und ausgestattet mit blank geschrubbten Holztischen, gemütlichen Holzbänken entlang der Wände und rot-weiß karierten Tischdecken. Ein offener Kamin sorgt für heimelige Stimmung und wohlige Wärme im Winter. Großformatige Fotos an den Wänden zeigen – vielleicht etwas makaber – das „Ausgangsmaterial" für den Braten: glückliche Schweine im natürlichen Lebensraum. Das Personal ist typisch fränkisch, zuweilen etwas knapp, aber herzlich, was dem Umstand geschuldet ist, dass das Haus immer gut besucht ist und das Schäufele mit Kloß und Soß ja schnell auf den Tisch kommen soll. Auf der fleischlastigen Speisekarte gibt es aber auch Alternativen für Vegetarier. Das leckere Bier stammt aus fränkischen Privatbrauereien. Manche Exilfranken wurden schon beobachtet, wie sie beim Anblick des lange vermissten Leibgerichts feuchte Augen bekommen haben. Glück ist also doch käuflich.

Schäufelewärtschaft, Schweiggerstraße 19, 90478 Nürnberg
www.schaeufele.de
ÖPNV: Straßenbahn 6, 7, 8, Haltestelle Schweiggerstraße

Schäufelewirtschaft
Fränkische Spezialitäten

Glücksbringer

29 *Der Schöne Brunnen*

Eine der bekanntesten Attraktionen Nürnbergs ist der Schöne Brunnen am Hauptmarkt, der nach der mehr als ein Jahr dauernden Renovierung seit Herbst 2016 wieder in neuem Glanz erstrahlt. Heinrich Beheim erbaute den Brunnen Ende des 14. Jahrhunderts. Er war neben der Frauenkirche ein wichtiger Teil der Neugestaltung des Platzes, der anstelle des Judenviertels hier entstand. Seine vierzig Figuren verkörpern das Weltbild der damaligen Zeit in Form von realen und mythischen Personen. Die Wasserversorgung des Brunnens wurde speziell angelegt und war noch bis ins 20. Jahrhundert im Gebrauch.
Allerdings ist es schon lange nicht mehr das Original, das hier steht. Die heutige Ausfertigung stammt aus dem Jahr 1903. Überreste des Originals befinden sich im Germanischen Nationalmuseum. Trotzdem liegt der Schöne Brunnen den Nürnbergern sehr am Herzen. Das zeigte sich besonders, als zur Fußball-WM 2006 die Skulptur eines Künstlers aus helixförmig angeordneten Stühlen den Brunnen umhüllte, was in der Stadt zu erbittertem Streit führte. Nur der Betonmantel, der den Brunnen während des Kriegs vor Bomben schützte, habe den Brunnen mehr entstellt, meinten viele.
Die Nürnberger führen ihren Besuch von außerhalb gerne hierher. Wenn sich während des Christkindlesmarktes die Buden mit Lebkuchen und Zwetschgenmännlein um den Brunnen schmiegen, gestaltet sich die Suche nach dem einen, ganz besonderen Detail allerdings schwierig. Denn im Gitter des Brunnens sind zwei Ringe eingearbeitet, einer aus glänzendem Messing, einer aus schwarzem Eisen – das Drehen an einem der Ringe soll Glück bringen und Wünsche erfüllen. Dann stehen vor allem Asiaten Schlange, um am Messingring am südwestlichen Teil des Gitters zu drehen. Der eiserne Ring im nordöstlichen Gitter soll der Legende nach den Nürnbergern vorbehalten sein – so sieht man hier laufend einheimische Brautpaare, die sich gerade eben nebenan im Standesamt das Ja-Wort gegeben haben, den Ring drehen, auf dass ihr Kinderwunsch in Erfüllung gehe.

Hauptmarkt, 90403 Nürnberg
ÖPNV: Bus 36, Haltestelle Hauptmarkt

Ein Familienschloss

30 *Das Tucherschloss*

Wo können Sie am Vormittag picknicken und Boule spielen, mittags eine Führung mit einer Patrizierin machen, am Nachmittag ein Fest der Partnerstädte erleben und abends unter freiem Himmel einen Kinofilm ansehen? Richtig, im Tucherschloss zu Nürnberg. Okay, vielleicht nicht alles am selben Tag, aber ich übertreibe sicher nicht, wenn ich die ehemalige Sommerresidenz der Familie Tucher als einen Glücksort für die ganze Familie preise.

Ende April beginnt die Open-Air-Saison im Garten, dann stehen Boule-Kugeln und Mobiliar bereit und nur die Sonne muss noch scheinen. Zur Mittagszeit lädt die – standesgemäß in rotem Kleid mit Pelzbesatz gekleidete – „Katharina Tucher" zur Führung durch die Räume und erzählt Unterhaltsames, Wissenswertes und Intimes aus der Blütezeit der Nürnberger Kaufmannsfamilien. Das Schloss wurde 1533 bis 1544 für das Patrizierehepaar erbaut. Die Fassade gilt als beispielhaft für die Bescheidenheit seiner Bewohner, denn „der Nürnberger trägt seinen Pelz nach innen". Die typisch französische Architektur mit italienischen Einflüssen bekommt man nämlich erst nach Betreten des Hauses zu sehen. Das Renaissanceschlösschen ist regelrecht auferstanden aus den Ruinen der „Sebalder Steppe", die der Krieg hinterlassen hatte. Ein Familienmitglied, Dr. Hans Christoph von Tucher, sorgte mit viel Engagement für den Wiederaufbau in den Sechzigerjahren. Der prächtige Hirsvogelsaal im Garten wurde zum 950. Stadtjubiläum im Jahre 2000 ebenfalls renoviert.

Inzwischen ist das Tucherschloss ein Museum und alljährlich der Schauplatz des Internationalen Fests der Partnerstädte. Obwohl innerhalb der Altstadt gelegen, bietet der weitläufige Garten Platz und stilvollen Rahmen für die vielfältigen Aktivitäten des Fests. Und wenn im Sommer das „Sommernachts-Filmfestival" stattfindet, ist auch der Garten des Tucherschlosses einer der Veranstaltungsorte des Open-Air-Kinos.

Und beinahe hätte ich vergessen zu erwähnen: Sie können hier auch heiraten. Braucht es noch mehr Empfehlung für einen Glücksort?

Tucherschloss, Hirschelgasse 9-11, 90403 Nürnberg
https://museen.nuernberg.de/tucherschloss
ÖPNV: U2, U3, Straßenbahn 8, Haltestelle Rathenauplatz, Bus 36, Haltestelle Innerer Laufer Platz

Kanal als Erholungsgebiet

31 *Der Ludwig-Donau-Main-Kanal*

Anfang des 19. Jahrhunderts griff König Ludwig I. von Bayern die Idee Karls des Großen auf und ließ einen Kanal errichten, um Main und Donau zu verbinden. Das Bauwerk stellte sich jedoch bald nach der Fertigstellung 1846 als zu klein und unpraktisch heraus, zudem lief die Eisenbahn als schnelleres Transportmittel dem Kanal den Rang ab. Trotzdem hielt sich der Kanal bis zur endgültigen Stilllegung 1950. Im Norden Nürnbergs wurde er nahezu komplett überbaut, auf Teilen der Trasse verläuft heute die Autobahn Richtung Bamberg. In südlicher Richtung sind aber noch weite Teile erhalten und stehen heute zu Recht unter Denkmalschutz.

Schon zur Jahrhundertwende entwickelte sich der malerisch in die Natur eingebettete Kanal zum Naherholungsgebiet. Sogar mit sogenannten Schlagrahmdampfern wurden Ausflügler zu Kanallokalen geschippert, wo sie bei Kaffee und Kuchen die Freizeit genossen.

Wer heute am Alten Kanal unterwegs ist, fühlt sich um 150 Jahre in der Zeit zurückversetzt: Außer ein paar Wandermarkierungen sieht es auf weiten Strecken des Kanals noch so aus wie kurz nach der Errichtung: zahllose Schleusen im Originalzustand, zauberhafte Schleusenwärterhäuschen, romantische Rundbogenbrücken aus Sandstein und ab und an ein alter Ladekran. Einzig die Tausenden von Seerosen, die das stehende Gewässer erobert haben, zeugen davon, dass der Kanal nicht mehr befahren wird.

TIPP Ein besonderes Vergnügen: im Winter mit Schlittschuhen auf dem Kanal laufen!

Wobei das für eine kurze Etappe nicht gilt: Bei Burgthann können an einigen Sonntagen im Sommer Ausflügler mit dem Treidelschiff „Elfriede" von einem Pferd gezogen ein Stück den Kanal entlangfahren! Spektakulär ist auch der „Brückkanal" bei Feucht, wo der Kanal in einem 13 Meter hohen Aquädukt über die Schwarzachklamm geführt wird. An sonnigen Wochenenden wird es auf den früheren Treidelpfaden links und rechts des Ludwigskanals zwar manchmal etwas eng, aber wenn man früh genug aufsteht oder unter der Woche erlebt man ein Idyll wie aus einer anderen Zeit.

- **Ludwig-Donau-Main-Kanal, weitgehend erhalten zwischen Beilngries und Nürnberg**
- **ÖPNV: Bus 67, Haltestelle Am Ludwigskanal, Bus 51, Haltestelle Föhrenbuck, Bus 52, Haltestelle Worzeldorfer Hauptstraße**

Backwaren wie bei Oma

32 *Hildes Backwut*

Was verursachte wohl den Auflauf eines Pulks Japaner in einer unscheinbaren Straße im Nürnberger Südosten? Die Japaner reisten aufgrund eines Artikels im „Der Feinschmecker“ an. Dort war der Laden von Bäcker Johannes Schwarz als eine der besten 600 Bäckereien in Deutschland gewürdigt worden, und nun musste er dem Obermeister der Tokioter Bäckerinnung Rede und Antwort stehen – natürlich mit Dolmetscherin.

Es gibt eine Reihe von Anekdoten, die Bäcker Schwarz zum Besten geben kann. Etwa die von der alten Dame, die ihm das Geld für eine Friteuse vorgestreckt hat, damit er auch Krapfen (Berliner) herstellen kann. Denn anfangs war der Laden kein Selbstläufer, und es brauchte Zeit und eine Menge Arbeit, um den Traum von der eigenen Bäckerei und somit auch die Hommage an seine Mutter verwirklichen zu können. Denn „Hilde“ ist Schwarz' Mutter, die sich zuweilen in ihre Küche zurückzog, um dort herrlich duftende Kuchen zu backen, und sich dann entschuldigte, dass sie wieder ihre „Backwut“ gepackt hatte.

Ja, es gibt noch ein paar Aufrechte, die frische Brötchen und Brot „wie früher“ aus Natursauerteig backen und wo der „Zwedschgenkoung“ mit Zwetschgen aus der Region hergestellt wird. Die viele Arbeit zahlt sich aus. „Hildes Backwut“ hat sich etabliert und ist ein Treffpunkt im Viertel. Im Zeitalter von Ketten und Supermärkten werden Qualität, Individualität und Herzlichkeit geschätzt. Man kann sich bei „Hilde“ niederlassen und Kaffee trinken, oft verabschiedet man sich mit Handschlag. Aber nicht nur im Viertel ist die Bäckerei tätig – „Hildes Backwut“ beliefert mittlerweile viele namhafte Lokale in der Stadt mit Gebäck.

Die Jubiläumsfeier zum 10-Jährigen wurde im Herbst 2017 ums Eck in der „Luise“ abgehalten – ein vornehmlich Jugendlichen bekannter Veranstaltungsort für Livemusik. Kunden von Herrn Schwarz versorgten unentgeltlich die Gäste; Catering, Versteigerungen und Spenden ergaben einen Erlös von über 10.000 Euro für ein Kinderprojekt. Stark!

Hildes Backwut, Schlossstraße 48, 90478 Nürnberg
www.hildesbackwut.de
ÖPNV: Bus 43, 44, Haltestelle Burgerstraße

Heile Welt

33 *Die Gartenstadt*

Es ist ein kleiner Platz mit Grünfläche an der Regenbogenstraße. Eine L-förmige Häuserzeile mit weinroten Fensterläden und Türen mit je drei kleinen Stufen davor, eine Tür dicht an der anderen. Vor jedem Eingang stehen Schneeschippe oder Besen, kurz vor Ostern hat es noch einmal geschneit. Ein geradezu spießbürgerliches Idyll, hier ist die Welt offenbar noch in Ordnung. Und wirklich leben in diesem Viertel zwischen Rangierbahnhof und Altem Kanal Menschen, die seit jeher aufeinander aufpassen und glücklich in dieser Gemeinschaft sind. Die Genossenschaft Gartenstadt wurde mit dem Beginn der gleichnamigen Bewegung in Deutschland im Jahre 1908 gegründet und sollte Arbeiterfamilien bezahlbaren Wohnraum im Grünen mit Garten bieten. Die 76 Häuser waren rasch bezogen, und die Siedlung wuchs weiter. Obwohl der liebliche Baustil der Anfangsjahre von einer etwas einfacheren Architektur abgelöst wurde, haben auch die neueren Bauten Charme. Die Straßen folgen keinem rechten Winkel und bieten überraschende Blicke durch Torbögen. Kleine Plätze umarmen Grünflächen, vor und hinter den Häusern gibt es überall Gärten. Gehsteige findet man nirgendwo, dafür Freiflächen mit hübschen Kiefern.
Bis in die Dreißigerjahre wuchs die Gartenstadt auf 1152 Wohnungen, davon 870 Einfamilienhäuser. Sozialdemokraten sind auch heute noch in der Mehrheit, Eltern vererben ihre Ansprüche auf die Kinder, wenn diese denn in den winzigen Häusern bleiben möchten. Aber viele, die der Enge der Wohnungen entflohen sind, trauern Jahre später noch der Geborgenheit nach. Und natürlich den Mieten, die noch 2012 350 Euro im Monat für ein Reihenhäuschen betrugen. Nicht nur Architekturhistoriker zieht es in die Siedlung. Jeder, der herkommt, ist begeistert vom heimeligen, dörflichen Charakter, dessen Frieden ansteckend wirkt. Inzwischen sind die Häuser nahezu alle renoviert, Erker, Fensterläden und Fassaden strahlen in frischen Farben und die Dächer mit neuen roten Ziegeln. Nehmen Sie Ihre Kamera mit!

Gartenstadt, Ecke Julius-Loßmann-Straße/Finkenbrunn, 90469 Nürnberg
ÖPNV: Straßenbahn 5, Bus 51, 67, 68, Haltestelle Finkenbrunn

Minigolf im Dunkeln

34 *Die Schwarzlichtfabrik*

Schon immer fand ich den Effekt von Schwarzlicht faszinierend. Aber nirgendwo sonst habe ich bisher eine Räumlichkeit wie die „Schwarzlichtfabrik“ erlebt. Fantasievolle Landschaften mit verwunschenen Höhlen, bevölkert von sympathischen Tieren und exotischen Pflanzen, oder schlicht Farben und Formen sind auf die Wände der ehemaligen Fabrik gemalt oder wirklich dreidimensional aufgebracht. Beim Gang durch die verschiedenen Räumlichkeiten, wo sanfte Ambient-Musik den zarten Charakter der Landschaften verstärkt, kommt man sich vor wie in einem Traum. Wenn man dann aber die 3D-Brille aufsetzt, wird der Traum fast zur Realität, und die Eindrücke nehmen einen gefangen. Immer wieder bleibt man stehen und versucht vergeblich, die Formen zu greifen.

Monatelang arbeiteten Michael „Colory“ Krebs, Katrin „Chawila“ Weiland und Helfer daran, die Räumlichkeiten in diese märchenhafte Farbenwelt zu verwandeln. Das Minigolf hilft dabei, die Kunst in Ruhe erleben zu können, ohne in Ehrfurcht zu erstarren oder die Bilder interpretieren zu müssen. Die Künstler wollen einfach ein wohliges Gefühl kreieren, so lässt sich ihre Kunst am besten erleben.

Vom Rentner bis zum Kind, das Publikum ist begeistert. Neben dem Minigolfparcours in der nur von Schwarzlicht illuminierten Fantasiewelt können sich die Besucher in der Kreativwerkstatt selbst in 3D-Malerei versuchen und neonfarbene Acrylfarben mit Drehscheiben auf kleine Rahmen aufbringen. Heraus kommen faszinierende psychedelische Kunstwerke. Dabei ist die Werkstatt schon für sich ein Kunstwerk: Denn die Böden und Tische, die bei Tageslicht vermutlich furchtbar aussehen würden, wirken im Schwarzlicht und mit 3D-Brille wie bodenlos, man schwebt im Raum.

Fabian Baumgärtner und seine Kollegen arbeiten schon am nächsten Projekt: Das „Institut für forschende Kunst im virtuellen Raum“ beschäftigt sich damit, Menschen mit VR-Brillen zu intuitiv handelnden Künstlern zu machen, deren Produkte in der realen Welt mit 3D-Druckern ausgegeben werden sollen.

Schwarzlichtfabrik, Nimrodstraße 10, 90441 Nürnberg
www.schwarzlichtfabrik.de
ÖPNV: Straßenbahn 4, Haltestelle Gibitzenhof, Bus 58, Haltestelle Platenstraße

Die besten Burger

35 *Hempels Burger*

Michael Groß ist Koch und Hotelfachmann. Er spricht drei Sprachen und bereiste jahrelang die Erde. Neuseeland, Australien, Südamerika, Kenia und Indien waren Stationen, wo er als Koch und Kellner arbeitete. Wenn man sich mit ihm unterhält, spürt man seine Lebensfreude, er strahlt Zufriedenheit aus. Eine eigene Gaststätte war schon immer sein Lebensziel. Dort wollte er etwas Spezielles sehr gut machen.
Als einer der Ersten in Nürnberg entschied er sich dafür, Hamburger zu machen. Das Wichtigste: Die Qualität der Zutaten muss erstklassig sein, und die Portionen müssen satt machen. Also gibt es bei Hempels Burger mit viel Fleisch aus artgerechter, zertifizierter Tierhaltung von „fairfleisch.de". Sogar Veganer haben kein Problem damit, bei Hempels zu arbeiten, und auch Vegetarier essen hier mal einen Burger mit Grünkern-Bratlingen oder Halloumi-Käse. Die Brötchen kommen von einer kleinen lokalen Bäckerei, Salat und Kartoffeln aus dem Knoblauchsland, dem Nürnberger Gemüseanbaugebiet. Die Saucen stellt Groß selbst her, sogar die Mayonnaise ist vegan und nicht von einer „normalen" zu unterscheiden – außer, dass sie besonders lecker schmeckt! Die Burger muss man „Kreationen" nennen: mit Süßkartoffelchips und Ziegenkäse, mit Whisky-Champignons oder Rotwein-Thymian-Honig-Schalotten. Das Gasthaus liegt mitten im Multikulti-Stadtteil Gostenhof. Für Groß ist es ein Glücksfall, weil dieses Viertel seiner lockeren und weltoffenen Einstellung am besten entspricht und weil der kleine Platz ein Knotenpunkt im Viertel ist. Das Publikum kommt aus allen Schichten und Altersgruppen hierher. Inzwischen ist der Stadtteil ein beliebter Szenetreff. Berührungsängste gibt es hier nicht, an den langen Tischen und Bänken aus dicken Bohlen wird zusammengerückt, und so kommt man ins Gespräch mit den Tischnachbarn. Und da die Burger so gut sind, herrscht immer beste Stimmung.

Hempels Burger, Gostenhofer Hauptstraße 58, 90443 Nürnberg
www.hempelsburger.de
ÖPNV: U1, U2, U3, Straßenbahn 4, 6, Bus 34, 36, Haltestelle Plärrer

Beeindruckend

36 *Das Germanische Nationalmuseum*

Vom Germanischen Nationalmuseum kann ich nur schwärmen. Bauwerke aus vier Epochen sind hier aneinander gebaut. Das ehemalige Kloster aus dem 14. Jahrhundert bildet den Kern des 1848 gegründeten Museums, ein großer und ein kleiner Kreuzgang sowie die ehemalige Klosterkirche sind erhalten, in der sich Reliefs des Kreuzwegs von Adam Kraft und große Holzschnitzereien befinden. Um die Jahrhundertwende und Anfang des 20. Jahrhunderts kamen neugotische Gebäude hinzu. Die Architektur Sep Rufs, der auch andere bedeutende Bauwerke zum Wiederaufbau Nürnbergs beitrug, prägt mit den zwischen 1953 und 1976 errichteten Bauten für den neuen Teil auch heute noch wesentlich das Erscheinungsbild des Museums. Der spektakulärste Bau jedoch entstand Anfang der Neunzigerjahre mit einer neuen Halle, neuen Ausstellungsräumen und der „Straße der Menschenrechte", die den Neubau gewissermaßen überquert. Aufsehen erregten zur Eröffnung des Neubaus 1993 die Ausstellung „LudwigsLust" der Sammlung Irene und Peter Ludwigs und 2012 die Dürer-Ausstellung, bei denen die Besucher Schlange stehen mussten, um hineinzukommen.

TIPP

Ein- oder zweimal am Tag findet eine kostenlose Kennenlernführung statt!

Es gäbe von vielen Highlights zu berichten, wie etwa dem Schlüsselfelder Schiff, einer silbernen Weinkaraffe in Form eines Segelschiffes, oder dem „Urglobus" Martin Behaims. Auch wesentlich jüngere Exponate sind bemerkenswert, wie die „Frankfurter Küche", das in den Zwanzigerjahren entstandene Vorbild für die Einbauküche. Ich bin allerdings ein Dürer-Fan. Am beeindruckendsten hierbei ist der Vergleich der Porträts seiner Mutter mit dem Bild seines Lehrmeisters Michael Wolgemut, anhand derer auch der Laie die künstlerische und handwerkliche Entwicklung Dürers nachvollziehen kann. Die Mutter ist sachlich gemalt, der Unterschied zu anderen Malern seiner Zeit kaum erkennbar. Das später entstandene Bild seines Lehrmeisters wirkt plastisch, ein Greis mit dünner Haut und roten Augen, ein berührendes Porträt.

Germanisches Nationalmuseum, Kartäusergasse 1, 90402 Nürnberg
www.gnm.de
ÖPNV: U2, U3, Haltestelle Opernhaus

Einzelstücke für Männer

37 *Bube und König*

Es waren einmal ein Elektriker und ein Fliesenleger, die wurden nicht froh in ihren Berufen. So begannen sie eine neue Ausbildung und fühlten sich als Kaufleute in gediegenen Modefirmen alsbald zu Hause. Nach Jahren der Arbeit für verschiedene Herren beschlossen sie, ihr eigenes Geschäft zu gründen. Der Männermode gehörte ihre ganze Liebe, und es erfreute sie, ihre Kundschaft fürsorglich zu beraten und angemessen einzukleiden. So war klar, um welch einen Laden es sich handeln musste. Sie hatten Glück und fanden ein Geschäft in bester Altstadtlage. Gute Freunde mit ebenso gutem Geschmack halfen ihnen bei der Einrichtung. Es entstand eine nicht zu elegante, aber sehr heimelige Atmosphäre, von der sie schon immer geträumt hatten. Dunkles Holz und helle Fliesen, schichtverleimte Holztische, stilvolle Vitrinen und liebevoll ausgesuchte Lampen bildeten den Rahmen für Kostbarkeiten der Männermode.

Aber nicht die bekannten Marken sind es, die das Herz von Steve und Raimar höher schlagen lassen. Nein, es müssen Klassiker der Oberbekleidung und handgearbeitete Schuhe von ausgesuchten Herstellern sein – denn nur Herzensdinge, die beide auch gern selber tragen würden, finden den Weg auf die Theken am Obstmarkt. Die Stücke sind nicht billig und sollen auch nach jahrelangem Tragen noch ihren Käufer erfreuen. Sie wissen eben – wenn Mann sich in ein Stück verliebt hat, mag er es nicht wieder hergeben.

Das „Bube und König“ wäre aber trotz alledem noch kein Glücksort. Doch die beiden Freunde haben wirklich alles in ihren Vitrinen, was „Herrenkultur“ ausmacht: Pomaden für Bärte, Rasiermesser und Sonnenbrillen, Schals und Hüte, Hosenträger und Krawatten. Und überdies den Schwarm aller echten Männer: Uhren, Kompasse und Taschenmesser. Wenn sich dann noch bei einem erstklassigen Espresso ein Gespräch über die Philosophien der Hersteller ergibt, geht der Besuch bei Steve und Raimar zwar nicht billig, aber glücklich zu Ende. Und das ist genau, was die beiden erreichen wollen.

Bube und König, Obstmarkt 22, 90403 Nürnberg
www.bubeundkoenig.de
ÖPNV: U1, Haltestelle Lorenzkirche, Bus 37, 46, 47, Haltestelle Heilig-Geist-Spital

Kunst untertage

38 *Der Kunstbunker im Burgfelsen*

Schon vor dem Beginn des Zweiten Weltkriegs machten sich die Verantwortlichen in Nürnberg Gedanken über die Kunstschätze der Stadt. Von den Gemälden alter Meister bis hin zu den Reichskleinodien, all das musste bei Angriffen auf die Stadt sicher untergebracht werden. Nun waren Überlegungen dieser Art, ganz zu schweigen von konkreten Maßnahmen, nicht im Sinne der Nazimachthaber, deren Ideologie Angriffe auf deutsche Städte als undenkbar erachtete. Also mussten derartige Vorbereitungen im Geheimen stattfinden – man erstellte im Grunde einen Schwarzbau, und das in der Stadt der Reichsparteitage. Erst bei Kriegsbeginn wurden die Arbeiten offiziell genehmigt.

Die Altstadt rund um die Burg wird dominiert vom mächtigen Burgfelsen, der schon seit dem frühen Mittelalter durchzogen ist von Gängen und Gewölben, die damals vor allem zum Kühlen von Bier und Lebensmitteln genutzt wurden. Was lag also näher, als die Kunstschätze in den 25.000 Quadratmetern unterirdischer Räume unterzubringen? Die Situation war zwar nicht ganz einfach, denn für Kunst waren natürlich andere Kriterien ausschlaggebend als für die Lagerung von Nahrungsmitteln. Der Fels über dem geplanten Bau war bis zu 24 Meter stark, also mussten die Fachleute Einfallsreichtum beweisen, um Feuchtigkeit und Temperatur unter Kontrolle zu bringen. Dies gelang, und als Nürnberg wie alle anderen deutschen Großstädte in der zweiten Kriegshälfte tatsächlich bombardiert wurde, trat der Ernstfall ein. Und tatsächlich: Alle beweglichen Kunstwerke, darunter der Globus Martin Behaims und der Engelsgruß von Veit Stoß, überstanden die Bombenangriffe unbeschadet. Also ist dieser Bunker ein ganz besonderer Glücksort für die Nürnberger, denn der Erhalt so vieler Kunstschätze war ein wichtiger Bestandteil des Wiederaufbaus.

Heute kann man den eindrucksvollen Kunstbunker besichtigen, der damit in einer Reihe mit dem Dokuzentrum Reichsparteitagsgelände und dem Memoriam Nürnberger Prozesse steht.

TIPP

Der Förderverein Nürnberger Felsengänge bietet Führungen durch die unterirdischen Gänge und den Kunstbunker an.

Historischer Kunstbunker, Obere Schmiedgasse 52, 90403 Nürnberg
www.felsengaenge-nuernberg.de

ÖPNV: Straßenbahn 4, Haltestelle Tiergärtnertor, Bus 36, Haltestelle Burgstraße

Omaha en miniature

39 *Die „Omaha Union Station“ im Spielzeugmuseum*

Modelleisenbahnen sind ja so was von gestern – sollte man meinen. Dabei gibt es auch heutzutage immer noch viele Enthusiasten, die einen großen Teil ihrer Freizeit und beträchtliche Geldbeträge in dieses Hobby investieren. Sogar ein bayerischer Politiker soll ja darunter sein. Auch wenn ich seit Kindertagen diesem Hobby entsagt habe, finde ich diese Welten im Kleinen faszinierend.

Ein ganz besonderes Schaustück dieser Art befindet sich im Spielzeugmuseum. Ein Nürnberger Geologe, Dr. Wolfram Bismarck, schuf zwischen 1950 und 1974 auf circa dreißig Quadratmetern den Nachbau des Bahnhofs „Omaha Union Station“ im Maßstab 1:64 (Spurweite S), also etwas größer als der Modelleisenbahn-Standard H0. Obwohl er in seinem Leben nie in Omaha war, baute er detaillierte Modelle der Gebäude und eine realistische, wenn auch komprimierte Replik des Eisenbahnknotenpunktes Omaha nur nach den ihm vorliegenden Abbildungen. Dabei griff er nicht etwa auf Bauteile von der Stange zurück, sondern erstellte Fahrzeuge, Gebäude, Inventar und selbst die Schienen im Eigenbau. Vieles musste er dabei aus Resten zusammensetzen, und so gilt die Bahn auch als exemplarisch für das Notspielzeug der Nachkriegszeit. Umso erstaunlicher, dass alles auf dieser Anlage funktioniert, natürlich auch die Beleuchtung. Selbst ein mehrfach preisgekröntes filmisches Porträt wurde von der Anlage erstellt, das man ebenfalls im Spielzeugmuseum sehen kann. Es vermittelt einen traumhaften Eindruck, die Anlage wirkt hier beinahe wie das Original, das sie zum Vorbild hat.

Überhaupt treten Eltern und Kinder mit dem Besuch des Museums eine Zeitreise ins Spielzeugland an. Von Teddybären, Blechspielzeug und Puppenküchen bis hin zu liebevoll gestalteten Dioramen und frühesten 3D-Abbildungen erlebt man hier die Geschichte des Spielzeugs – und wird unweigerlich in seine eigene Kindheit entführt.

Spielzeugmuseum, Karlstraße 13-15, 90403 Nürnberg
https://museen.nuernberg.de/spielzeugmuseum
ÖPNV: Straßenbahn 4, Haltestelle Hallertor, Bus 36, Haltestelle Weintraubengasse

AGNER CO. INC.
NP 1077
NA-OIL
SHELL
CHEMIC

Echt Retro!

40 *S/W Fotolabor im Kulturzentrum K4*

Fotografieren Sie auch vor allem mit dem Handy? Die beste Kamera ist ja die, die man dabeihat. Aber im Grunde sind wir übersättigt von der Bilderflut, sogar die Fotografen der legendären Bildagentur „Magnum", gegründet von Robert Cappa und Henri Cartier Bresson, bekommen das zu spüren. Denn heutzutage ist ein Foto nichts mehr wert. Auf jedem privaten Smartphone schlummern Tausende von Fotos, aber im winzigen Display erkennt man nicht mehr die Qualität des einzelnen Bildes.
Doch ein Foto kann immer noch ein geschätztes Kunstwerk sein. In diesem Zusammenhang denken die meisten zuerst an Schwarz-Weiß-Fotografien. Und richtig, es gibt noch Fotohändler, die Filme, Fotopapier und Chemikalien anbieten. Und es gibt sogar noch Fotolabore, in denen Menschen bei schummrigem, rotem Licht Negativstreifen in sogenannte Vergrößerer einführen, kartonstarkes Papier darunterlegen und das Papier sekundenlang belichten. Für mich ist das nach langer Zeit als Fotograf immer noch wie Zauberei: Das belichtete Papier legt man in die Schale mit dem Entwickler, bewegt sachte das Papier in der klaren Flüssigkeit, und langsam kommt das Bild zum Vorschein. Dann ab damit ins Stoppbad, in den Fixierer und anschließend wässern – dann kann man mit dem Abzug ans Tageslicht.
Im Kulturzentrum „K4", gleich hinter der Touristeninfo am Bahnhof, gibt es ein offenes Fotolabor. Dort habe auch ich in grauer Vorzeit meine ersten Versuche mit der Schwarz-Weiß-Fotografie unternommen, und immer noch gibt es hier freundliche Menschen, die den Besucher in die Laborarbeit einweisen. Man kann hier auch Filme entwickeln – alles ist vorhanden, was der Schwarz-Weiß-Fotograf benötigt. Es ist spannend, die eigenen Fotos dort zu entwickeln, man macht große Abzüge für wenig Geld und kann sie zu Hause rahmen und aufhängen. Und auf einmal ist diese Fotografie etwas wert. Es ist nicht schwer – aber ausgesprochen befriedigend!

Kulturzentrum K4, Fotolabor, Königstraße 93, 90402 Nürnberg
www.kubiss.de/fotolab_k4
ÖPNV: S1, S2, S3, S4, U1, U2, U3, Straßenbahn 5, 7, 8, Bus 43, 44, Haltestelle Hauptbahnhof

ENTWICKLER

Kunst im Supermarkt

41 *Galerie LeonART in St. Leonhard*

Vermutlich kam der Ruhestand für Ernst Jocher zu früh – oder eben gerade recht, um auf eine Idee zu kommen, die zum Glücksfall für seinen Stadtteil, für verschiedene Künstler und natürlich auch für ihn wurde. Dabei sieht man ihm nicht an, dass er im Ruhestand zum Galeristen, Kurator und Kunstförderer geworden ist. Denn die ihm eigene Bescheidenheit drückt sich nicht nur in seinem ruhigen, bedächtigen Wesen, sondern auch in seinem konsequent hemdsärmeligen Auftreten aus, das so gar nicht dem Szeneklischee entspricht.

Mit seinem Konzept einer Stadtteilgalerie hat er es geschafft, die Stadt Nürnberg wie die Eigentümerin des ehemaligen Supermarktes zu überzeugen, ihm sowohl die finanziellen Mittel als auch die Immobilie zur Verfügung zu stellen. Aber nicht nur das – er baute den ehemaligen Supermarkt mit beträchtlichem eigenen handwerklichen Einsatz zu einer schmucken Galerie aus.

Was als spontane Idee für den Eigenbedarf begann, entwickelte sich in weniger als vier Jahren zu einer Institution im Stadtteil, wo nicht nur regionale No-Names ihre Werke ausstellen, sondern häufig auch überregional etablierte Künstler Schlange stehen. Bei der Auswahl der Künstler beweist der gelernte Schauwerbegestalter Kunstverstand, sodass bei aller Sympathie für die Künstler nur Qualität den Weg in seine Galerie findet. Dabei profitieren hier nur die Künstler, denn Jocher verfolgt mit der Galerie keine kommerziellen Absichten.

Neben den zweimonatlich wechselnden Ausstellungen von Künstlern jeder Couleur findet regelmäßig im Herbst eine Literaturreihe mit Lesungen fränkischer Autoren statt. Dabei ist die LeonART regelmäßig ein knappes Jahr im Voraus ausgebucht.

Das Konzept kommt nicht nur den Künstlern zugute, sondern auch dem Stadtteil, der auf eine nicht unbedeutende 700-jährige Geschichte zurückblicken kann und mit der Galerie eine willkommene Aufwertung erfährt. Und bei Vernissagen zieht Ernst Jocher dann doch auch mal ein Jackett über sein Hemd und wirkt dann durchaus „szenegerecht“.

Galerie LeonART, Leopoldstraße 24, 90439 Nürnberg
www.leonart24.de
ÖPNV: U2, Haltestelle St. Leonhard

Träumen von Nürnberg

42 *Das Hotel Drei Raben*

In einer Stadt mit der Historie Nürnbergs atmet man nicht nur Geschichte, man ist auch umgeben von Sagen und Mythen. Manch einen lässt das nicht los, und er möchte mehr erfahren über die Vergangenheit Nürnbergs, von den Legenden der Stadt, die unterhaltsam und zuweilen etwas unheimlich sind. Wie wäre es, umgeben von diesen Erzählungen zu wohnen und einzuschlafen?

In einem kleinen Haus in der Altstadt befindet sich das Hotel Drei Raben. Hier in der Königstraße erzählen, so will es der Mythos, drei Raben die Legenden aus Nürnbergs fast tausendjähriger Geschichte. Der Gast wohnt in Themenzimmern, die in die Nürnberger Vergangenheit führen. Man schläft bei Albrecht Dürer oder Sigena, deren Freisprechung für die erste schriftliche Erwähnung Nürnbergs sorgte und als „Geburtsurkunde" Nürnbergs gilt. Bei Hans Sachs und seinen Meistersingern klingt Wagner aus dem Lautsprecher, und im Zimmer von Martin Behaim zeugt eine Replik seines Globus von der Weltsicht dieser Zeit. Die Hufabdrücke vom Pferd des Raubritters Eppelein sind im Sandstein neben der Badewanne in der Zimmerecke verewigt. Für die jüngere Geschichte steht das 1.FCN-Zimmer, in dem man seinen Kopf im Tor von Heiner Stuhlfauth bettet und die Bälle des Tischfussballspiels im Wandregal unter „Flutlicht" auf dem Kunstrasen liegen. „Bildstaben" bilden die Überschriften für erläuternde Texte an den Wänden, der Gruß und das Autogramm von Frank-Walter Steinmeier an der Wand erinnern an den Besuch des damaligen Außenministers im „Spielzeugstadt"-Zimmer, in dem sich die Gäste durchaus gewollt mit Widmungen und Zeichnungen an den Wänden verewigt haben und so dem Raum ein ganz besonderes Flair verliehen haben.

TIPP Das Drei Raben ist auch eine Lounge. Der Espresso ist ausgezeichnet!

Das Hotel hat nur 22 Zimmer und legt Wert auf besondere Individualität. Dass das Drei Raben damit erfolgreich ist, beweisen die Einträge im Gault&Millau und im Guide Michelin, der auch das hervorragende Frühstück lobt. Auch sonst gibt es kaum einen Reiseführer, der das Haus nicht an prominenter Stelle erwähnt.

Hotel Drei Raben, Königstraße 63, 90402 Nürnberg
www.hoteldreiraben.de
ÖPNV: S1, S2, S3, S4, U1, U2, U3, Straßenbahn 5, 7, 8, Bus 43, 44, Haltestelle Hauptbahnhof

ersinger von Nürnberg

„Ein wönziger Schlock"

43 *Die größte Feuerzangenbowle der Welt*

Schon von Weitem verbreiten die Buden auf dem Platz einen roten Schein. Auf dem etwas höheren zentralen Häuschen läuft ein Schwarz-Weiß-Film. Viele Menschen tummeln sich auf dem Platz direkt an der Pegnitz zwischen Starbucks, Pizzeria und Herrenausstatter, gedämpftes Stimmengewirr und das Lachen Dutzender Menschen hört man schon aus der Entfernung. Von irgendwoher hört man etwas, das klingt wie Heinz Rühmann – und man liest auf einer Leuchtschrift: „Feuerzangenbowle". Man sagt, am Montag gehöre der Christkindlesmarkt den Nürnbergern. Hier aber treffen sich die Nürnberger nicht nur montags. Der Christkindlesmarkt und seine Buden geraten in Vergessenheit – man trifft sich abseits des größten Rummels am Rande des Großereignisses mit Freunden oder Geschäftskollegen, zuweilen schon in der Mittagspause. Gleich neben dem Christkindlesmarkt gibt es nämlich „Die größte Feuerzangenbowle der Welt".

Eine „Schnapsidee" zweier Rühmann-Fans führte vor etwa zehn Jahren zu der Idee, die für ihre Realisierung einige Hürden überwinden musste. Die alten Schallplatten fanden sich in Kellern oder Speichern, der Erwerb der Filmrechte für den Rühmann-Klassiker ließ sich auch organisieren. Doch einen Kessel mit 9000 Litern Fassungsvermögen, 2,50 Meter Durchmesser und 3,40 Meter Höhe findet man nicht eben so nebenbei. Aber Hartmut Senkel und Jan Oltznauer machten all das möglich und fanden in Nürnberg „Zwischen den Fleischbänken", gleich unterhalb des berühmten Ochsen, schließlich einen Ort für ihren Kessel.

Inzwischen sind der Ort und die Bowle längst Kult bei den Nürnbergern. Wenn die Wintertage kalt sind und der Christkindlesmarkt schon lange die Buden geschlossen hat, findet man hier immer noch einen Platz zum Aufwärmen, mit echten Nürnbergern und inzwischen auch einigen Buden, die die notwendige Grundlage bieten, damit der „wönzige Schlock" Alkohol nicht sofort ins Blut geht. Dafür kann man hier auch stimmungsvoll Silvester feiern, denn die Stände schließen erst in der Neujahrsnacht.

Die Größte Feuerzangenbowle der Welt, Zwischen den Fleischbänken, 90403 Nürnberg
www.nuernberger-feuerzangenbowle.de
ÖPNV: U1, Haltestelle Lorenzkirche, Bus 36, Haltestelle Hauptmarkt

Feuerzangenbowle
mit Schuss
Kinderpunsch 2,50
2,00

140 Jahre Tradition

44 *Herr Brömme & das tapfere Schneiderlein*

Die Leidenschaft, die aus den Augen von Herrn Brömme blitzt, kann ich gut verstehen. Auch ich erkläre gerne interessierten Zuhörern die Fotografie. Aber Herr Brömme ist Hutmacher – allerdings kein „verrückter" Hutmacher wie im Märchen. Andererseits kann Leidenschaft ja etwas wunderlich wirken. Die Brömmes sind seit 140 Jahren und vier Generationen Hutmacher und hatten sechs Läden in Nürnberg und Erlangen. Das passiert nicht einfach so, dazu gehört eine gute Portion Passion.
Leider lohnt sich das Hutmacherhandwerk nicht mehr, und die Kinder haben kein Interesse am Erbe der Väter. Massenware, schnell wechselnde Trends und wenig Wertschätzung gutem Handwerk gegenüber sind Zeiterscheinungen, die Herrn Brömme schließlich dazu veranlassten, sein Handwerk an den Nagel zu hängen. Doch das Stammhaus im Herzen der Nürnberger Altstadt gehört der Familie und bietet Raum. Originale Werkzeugmaschinen eines Hutmachers, teils noch aus dem Industriezeitalter, und zahlreiche Hüte aus vielen Epochen der Mode sind noch vorhanden, das Herzblut des Handwerkers sowieso. So gründete Horst Brömme als einer der letzten existierenden Hutmacher ein Museum seiner Zunft und erklärt den Besuchern seitdem humorvoll und leidenschaftlich, wie Hüte hergestellt werden.
Und dann ergab es sich, dass eine junge Dame bei Herrn Brömme vorbeischaute. Man fand Gefallen aneinander, wie das so ist bei Seelenverwandten. Denn Marie-Luise Schneider ist nicht nur traditionsbewusste Nürnbergerin, sondern auch Modedesignerin und Einzelhandelskauffrau und suchte nach einem Laden, in dem sie ihrem Handwerk nachgehen kann. So fand der Hutmacher eine Nachfolgerin, denn „das tapfere Schneiderlein" und der Hutmacher ergänzen sich wunderbar. Frau Schneider verkauft nun nicht nur ausgewählte Oberbekleidung, sondern auch Hüte, von denen sie manche auch designt. Für ihr eigenes Label entwirft sie Modekollektionen – Kleider, T-Shirts und Taschen –, unter anderem mit Albrecht-Dürer-Motiven. Den Esprit der beiden können Sie selbst erleben!

Herr Brömme & das tapfere Schneiderlein, Innere Laufer Gasse 33, 90403 Nürnberg
www.hutmuseum-nuernberg.de
ÖPNV: U2, U3, Haltestelle Rathenauplatz, Bus 36, Haltestelle Laufer Tor

Idyll im Hinterhof

45 *Barock- und Hesperidengärten*

Auch wenn die Johannisstraße auf den ersten Blick wenig einladend wirkt, gibt es hinter ihren profanen Fassaden Kleinode, von denen Einheimische oft nichts wissen und an denen Besucher erst recht ahnungslos vorbeigehen. Denn hinter unscheinbaren Eingängen findet man barocke Gärten, die betuchte Kaufleute im 17. und 18. Jahrhundert nach italienischem Vorbild errichten ließen.
Im Haus Nummer 13 betritt man durch das Tor einen Hinterhof mit hölzerner Loggia. Daran anschließend eröffnet sich hinter einem schmiedeeisernen Rokokotor ein idyllischer kleiner Garten mit Statuen griechischer Gottheiten, in dessen Mitte friedlich ein kleiner Brunnen plätschert. Den Abschluss bildet ein hübsches Gartenhaus aus Sandstein. Wer Stille und Einsamkeit nur wenige Minuten Fußweg entfernt von der Altstadt sucht, findet sie sicher hier.
Hinter dem Haus Nummer 47 befinden sich die Hesperidengärten. Deutlich größer als der Barockgarten, erstrecken sie sich auch über die beiden Nachbargrundstücke und stellen so einen weitläufigen, grünen Rückzugsort für gestresste Großstädter dar. Meist bevölkern nur wenige Besucher die Anlage, die 1985 nach barockem Vorbild neu gestaltet wurde und nun der Öffentlichkeit zugänglich ist. Sogar die hier wachsenden Zitrusbäumchen entsprechen dem historischen Vorbild, denn sie symbolisieren die goldenen Früchte aus der griechischen Mythologie. Die für diese Gärten typischen, korrekt ausgerichteten Hecken säumen die Beete, die an den Seiten wachsenden Bäume bieten einen natürlichen Kontrast dazu und geben den zahlreichen Vögeln Heimat, deren Gezwitscher den Rest von Großstadtlärm übertönt. Zahlreiche Statuen auf steinernen Podesten säumen die Wege, und wo sich die Wege kreuzen, sprudeln Brunnen. Die im Vorderhaus ansässige Gastronomie sorgt für etwas Leben und für mancherlei Gaumenfreuden. Der Weg durch den Hinterausgang lohnt, denn er führt hinunter zur Hallerwiese und zurück in die Altstadt oder zum ebenfalls sehenswerten Johannisfriedhof mit dem Grab Albrecht Dürers.

Barockgarten: Johannisstraße 13, Hesperidengärten: Johannisstraße 47, 90419 Nürnberg
ÖPNV: Straßenbahn 6, Haltestelle Hallerstraße (Hesperidengärten) oder Hallertor (Barockgarten)

Alte Bücher und Gastro

46 *Deuerlein Buch Wein Caffè*

Wer zu Beginn des 21. Jahrhunderts, im Zeitalter von Internet und Amazon, noch ein kleines Buchgeschäft betreibt, muss entweder plemplem sein oder Bücher ganz besonders lieben. Thomas Deuerlein liebt seine Bücher, Nürnberg und die Lage seiner Buchhandlung. Er ist ein Menschenfreund, der die neapolitanische Tradition des „Caffè sospesos" hochhält. Und er ist innovativ, sonst könnte sich seine Buchhandlung mit Antiquariat wohl kaum halten.

An exponierter Stelle am Durchbruch der Stadtmauer zur Lorenzkirche beim Marientorzwinger gelegen, erinnert mich die alte Schrift an der Fassade immer etwas an den Asterix-Comic „Der Arvernerschild". Die „Weine und Kohlen" dort sind bei Deuerlein Bücher, Weine und Caffè, übrigens einer der leckersten der Stadt, wie auch der „Merian" findet. Die ausgewählten Kuchen und italienischen Snacks in der Vitrine können damit nicht nur Schritt halten, sondern adeln den Kaffee. So kann man in der wärmeren Jahreszeit im Kaffeehausstuhl dem quirligen Treiben der Lorenzer Straße zusehen oder sich bei kühleren Temperaturen in die gemütlichen, liebevoll instand gesetzten Räume kuscheln. In den raumhohen verglasten Vitrinen aus dunklem Holz, die aus englischen Werkstätten stammen, lagern antiquarische Einzelstücke, die einen Buchliebhaber beim Stöbern schon mal die Zeit vergessen lassen. Man spürt, dass ein Kenner bei der Bestückung der Vitrinen am Werk war.

Deuerlein ist in der Tat gelernter Buchhändler und hat sich frühzeitig mit antiquarischen Büchern beschäftigt. Er beschreibt sich auch als „von Büchern besessen". Allerdings liebt er auch die italienische Lebensart, besonders Caffè und Weine, die er bei seinen regelmäßigen Besuchen im Nachbarland entdeckt und einkauft. Diese Liebe hat ihm sogar eine Empfehlung in „Der Feinschmecker" als eine von Deutschlands Topadressen für Weine eingebracht. Obwohl er sich mehr als Buchhändler denn als Gastronom sieht, trägt sicher sowohl die Gastronomie als auch die Lage zur Attraktivität der Buchhandlung bei.

Deuerlein Buch Wein Caffè, Lorenzer Straße 33, 90402 Nürnberg
www.deuerlein.com
ÖPNV: U1, Haltestelle Lorenzkirche, Straßenbahn 8, Haltestelle Marientor

CAPARZO

Motorradlegenden

47 *Museum Industriekultur*

Nürnberg war Ende des 19. Jahrhunderts ein Zentrum der Industrialisierung, insbesondere der Metallindustrie in Deutschland. Eine der großen Fabriken war das „Eisenwalzwerk Julius Tafel“, das 1990 zum Teil abgerissen wurde. In der erhalten gebliebenen großen Halle hat das Museum Industriekultur seinen Platz, das der damalige Kulturreferent Herrmann Glaser ins Leben gerufen hat. Er wollte – alternativ zum Mittelalter-Image der Stadt – die Industriegeschichte Nürnbergs und insbesondere das Leben der Menschen während der Industrialisierung dokumentieren. So wurde aus der Haupthalle der ehemaligen Schraubenfabrik ein Museum, in dem die Aspekte des damaligen Arbeitens und Lebens anschaulich dargestellt werden.
Zu Beginn des 20. Jahrhunderts war Nürnberg die Hochburg des deutschen Motorradbaus. Hercules, Triumph und Zündapp sind Namen, deren Klang auch heute noch unvergessen ist. Ein Schwerpunkt und besonderes Highlight des Museums ist die Motorradsammlung, ein Pflichtbesuch für jeden Liebhaber klassischer Motorräder. Matthias Murko, langjähriger Direktor des Museums und selbst leidenschaftlicher Motorradfahrer, investierte viel Zeit und Energie, die Geschichte der Nürnberger Zweiradproduktion zu erforschen und mit Beispielen zu belegen. Bei der Recherche entdeckte man Einzelstücke zuweilen auch in den Kellern aufgelöster Firmen und konnte manche Krafträder mit Unterstützung von Mäzenen für das Museum gewinnen. Ein besonderes Ausstellungsstück datiert von 1904 und ist das älteste erhaltene in Nürnberg gebaute Motorrad. Natürlich gibt es daneben Legenden zu sehen wie die Triumph „Boss“, den „Grünen Elefant“ von Zündapp oder die für die Wehrmacht hergestellte Zündapp-Seitenwagenmaschine „KS 750“, damals eine technische Meisterleistung. Auch einige Rennsportmodelle gehören zur inzwischen auf 125 Maschinen angewachsenen Sammlung des Hauses. Ergänzt wird die Ausstellung durch Schnittmodelle, an denen die Bauweise und die technische Entwicklung besonders gut zu erkennen sind.

Museum Industriekultur, Äußere Sulzbacher Straße 62, 90491 Nürnberg
http://museen.nuernberg.de/museum-industriekultur
ÖPNV: Straßenbahn 8, Haltestelle Tafelhalle

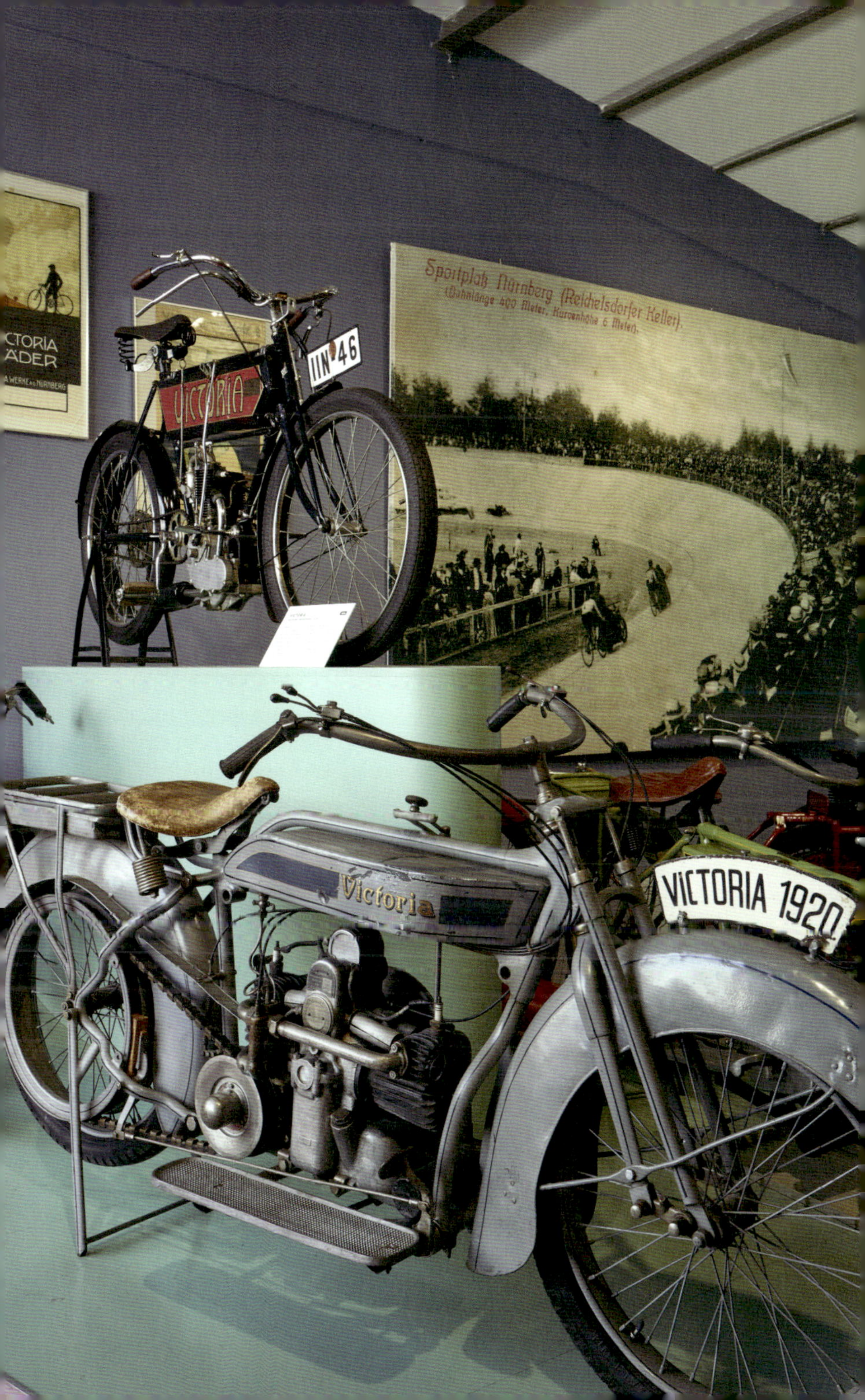
Sportplatz Nürnberg (Reichelsdorfer Keller).
(Bahnlänge 400 Meter, Kurvenhöhe 6 Meter).
VICTORIA
IIN 46
Victoria
VICTORIA 1920

Erfolgreicher Strukturwandel

48 *Das Café Pforte, „auf AEG“*

Irgendwie ist Christian „Chris“ Keimel typisch für das Gelände, auf dem einst die AEG zu Hause war und Waschmaschinen fertigte. Er hat neu angefangen und ist mit der kreativen Umsetzung einer Idee erfolgreich. Als im März 2006 klar war, dass trotz aller Proteste die Schließung des Werks zwischen Fürther und Muggenhofer Straße nicht zu verhindern war, war der ausgehandelte Sozialtarifvertrag nur ein schwacher Trost. Aber das Gelände wurde mit neuen Büro- und Produktionsflächen wiederbelebt. So ist in den letzten Jahren „auf AEG“ ein Zentrum für Gewerbe, Wissenschaft und Dienstleistung entstanden und bietet vielen jungen Firmen eine Heimat.

Wie oft in solchen Fällen sorgten zunächst die Kunstschaffenden für Interesse, Erneuerung und einen Imagewandel. Mit der inzwischen jährlich stattfindenden Veranstaltung „Offen auf AEG“ etablierte sich die Kunst auf dem Areal und übernahm damit die Öffentlichkeitsarbeit für Gewerbe und Dienstleistungsbetriebe. Das Gelände wirkt heute wie eine kleine Stadt mit Produktion, Gewerbe, Handel und Gastronomie. Überdies hat die Stadt Nürnberg mit der 2016 vollendeten „Kulturwerkstatt auf AEG“ ein kulturelles Zentrum geschaffen, das nicht nur das Areal, sondern die gesamte westliche Stadt bis über die Stadtgrenze hinaus aufwertet. Mit 50 Räumen jeglicher Größe bietet der Umbau einer ehemaligen Produktionshalle Schulungs- und Veranstaltungsmöglichkeiten jeglicher Couleur. Im Wortsinn auch „grenzenlos“, denn es wurde darauf Wert gelegt, Menschen unabhängig von ihren sozialen, körperlichen oder kulturellen Merkmalen die Teilnahme am Kulturbetrieb zu ermöglichen.

Chris Keimel hatte also schon 2010 die richtige Eingebung und eröffnete im früheren Pförtnerhäuschen das „Café Pforte“. Als Mitarbeiter der ebenfalls abgewickelten Quelle-Fotostudios hatte er das Stilempfinden, aus dem Glaskasten einen Hingucker zu machen, Erfahrung in der Gastronomie hatte er obendrein. Nun freut er sich über die gute Lage – und seine Gäste über Pasta und leckere Snacks zur Mittagspause.

Café Pforte, Auf AEG, Muggenhofer Straße 137, Halle 6, 90429 Nürnberg
www.aufaeg.de
ÖPNV: U1, Haltestelle Eberhardshof

Führend in „Guláš"

49 *Gregor Samsa*

Das neudeutsche Superlativ „Kult" wäre für diese Kneipe mehr Herabsetzung als Auszeichnung. Eher trifft „legendär" den Sachverhalt. Denn „Gregor Samsa" existiert seit 1970, ist eine der ältesten Kneipen der Stadt und hat Generationen von Künstlern inspiriert, verköstigt und ihnen nicht selten sogar ein Dach über dem Kopf gegeben. Die Maler und Musiker trugen als Gegenleistung zur Legendenbildung bei. Entweder, indem sie ihre Zeche mit Gemälden beglichen, oder indem sie kostenlose, oft denkwürdige Konzerte in der engen Kneipe abhielten. Die Kunst an den Wänden ist also Teil des Kapitals und des Images vom „Gregor".
Natürlich ist der wichtigste Teil einer Gaststätte der Wirt. Peter Hoyer schuf durch seine direkte, derbe, liebenswerte und tolerante Art die Voraussetzung für diesen Erfolg. Und vor allem brachte er das Gulasch nach Nürnberg. Wo man früher andernorts Schmalzbrot oder gebackenen Camembert zum Bier gereicht bekam, gab es im „Gregor" ein Dutzend Varianten des fleischigen Eintopfs, der mit fränkischem Bauernbrot in drei Zentimeter dicken Scheiben und Böhmischen Knödeln aus Peters tschechischer Heimat serviert wurde.
Aber das Leben geht weiter, und selbst für den leidenschaftlichsten Wirt sind irgendwann mal die Abende zu lang und die Teller zu schwer. Also setzt nun Marcel Hoyer die Tradition zeitgemäß fort und hat offensichtlich sowohl als Wirt als auch als Gulaschfachmann das Talent des Vaters geerbt. Er ist der Meinung: „Eine kräftige Gastronomie muss man vertragen können", nimmt die Bestellungen in diesem Sinne auf, schleppt große Töpfe mit Gulasch durch den Gastraum und bietet eine einfühlsam erweiterte Speisekarte und zudem sechzig verschiedene Rumsorten für den Kenner. Gott sei Dank hängen immer noch großformatige Kunstwerke an der Wand, und auch der uralte, wunderschöne Bollerofen verbreitet im Winter nach wie vor wohlige Wärme. Aber nicht nur alte Knacker sitzen an der gemütlichen Bar, das Publikum ist zwischen 18 und 70 Jahre alt.

Gregor Samsa, Maxfeldstraße 79, 90409 Nürnberg
www.gregor-samsa.de
ÖPNV: U2, Haltestelle Rennweg, U3 Haltestelle Maxfeld, Bus 37, 46, 47, Haltestelle Schillerplatz

Natur pur am Fluss

50 *Das Pegnitztal Ost*

Einer der Vorteile einer Kleinstadt ist die Nähe zur Natur. Trotzdem wundere ich mich immer wieder, welche Idylle sich in der Großstadt Nürnberg mehr oder weniger in Laufweite der Innenstadt finden lässt. Unterhalb des Mögeldorfer Kirchbergs, einer sehenswerten mittelalterlichen Kirchenanlage, die umrahmt wird von den Gebäuden eines alten Herrensitzes, endet die parkartige Landschaft des Wöhrder Sees, und der Rückstau der Pegnitz geht in die ursprüngliche Flusslandschaft über. Der Fluss mäandert hier durch das tiefe Wiesental, das am Ende des Winters auch mal überschwemmt wird. Die lange Holzbrücke sorgt dann für eine trockene Überquerung. Mit kurzer Unterbrechung kann man nun etwa fünf Kilometer im Wiesengrund wandern, bis die Autobahn die Flusslandschaft schneidet und man den Stadtrand erreicht hat. Das erste Teilstück des Weges ist eine weitläufige Wiese mit teils bizarr aussehenden umgestürzten Bäumen und wird zum Wandern, Radfahren oder Sonnenbaden genutzt. Am Flussufer hat die Stadt Drahtliegen aufgestellt. Im Sommer genießt man hier im Schatten die Ruhe, die zuweilen vom Blöken einer Schafherde untermalt wird. Im Frühsommer werden die Tiere hier auch geschoren, eine Attraktion nicht nur für Kinder.

Hinter dem Langsee beginnt das geplante Naturschutzgebiet Pegnitztal Ost. Hier ist der Fluss eingerahmt von uralten Eichen und großen Erlen und fließt durch magere Flachland-Mähwiesen, feuchte Hochstaudenflure und trockene Sandheiden mit eigenen, teils seltenen Tier- und Pflanzenarten. Voraussichtlich ab 2018 steht dieses Gebiet, doppelt so groß wie die Altstadt, unter Naturschutz. Auf dem Weg flussaufwärts liegt die Ruine des Wasserschlosses Oberbürg, ein „Lost Place" für Hobbyfotografen und ein Abenteuerspielplatz für die Jüngeren. Nur einen Kilometer weiter wartet als Kontrast dazu das Fabrikgut Hammer mit renovierter Fachwerkidylle auf. Es steht seit 1977 unter Denkmalschutz und informiert mit einem kleinen, liebevoll gestalteten Museum über die Geschichte des alten Hammerwerks.

TIPP Auf der Terrasse des Lokals Satzinger Mühle direkt am Ufer der Pegnitz sitzt man im Sommer angenehm schattig!

Pegnitztal Ost, Stadtteil Mögeldorf, 90482 Nürnberg
ÖPNV: Bus 40, 45, Haltestelle Ziegenstraße

Kleines Kultkino

51 *Das Casablanca*

In einem einzigartigen Haus in der Nürnberger Südstadt befindet sich ein einzigartiges Kino. Das Haus, von der Künstlerin Helma Lichtungen in wochenlanger Arbeit mit Filmszenen und den Porträts der Bewohner bemalt, ist allein schon deshalb einen Blick wert. Aber es beherbergt neben einer Crêperie und einer Bar mit schwarzer Jugendstiltheke auch drei Kinosäle eines 1976 gegründeten Programmkinos – das „Casablanca".

Schon bald nach der Eröffnung wurde das Casablanca zum kulturellen Zentrum, Treffpunkt für abendliche Aktivitäten und eine Institution in der Nürnberger Kulturlandschaft. Der Schreck war daher groß, als der Betreiber das „Casa" im Herbst 2008 schließen wollte. Noch größer waren jedoch die Bemühungen um den Erhalt, was im Frühjahr 2009 zur Konstituierung eines Vereins führte, der mit kreativen Ideen und großem ehrenamtlichen Engagement für den Erhalt des Kinos sorgte. Unterstützung kam auch von der „Zukunftsstiftung" der Stadtsparkasse Nürnberg. Nicht zuletzt mit diesem Geld konnte der Verein bis zum Herbst 2010 die Räumlichkeiten sanieren und auf den Stand der Technik bringen. Die Neueröffnung wurde mit einer Gala gefeiert, zu der neben dem Nürnberger OB und lokaler Prominenz als Stargast Filmregisseur Hans W. Geißendörfer erschien, um im Namen der Regisseure der Deutschen Filmakademie zu danken. Als „alter Freund" des Kinos stiftete er sogar eine schalldichte Tür, die natürlich seinen Namen trägt.

Unter fachkundiger Leitung hat sich das „Casa" einen Namen in der Arthouse-Szene und bei den Filmverleihen gemacht. So kann es sich inzwischen leisten, als Erstaufführungskino auch anspruchsvollere Filme zu unterstützen, die in den großen Häusern nicht gespielt würden, und bereichert so die Kulturszene. Und nicht nur die Cineasten kommen auf ihre Kosten: Lesungen und Konzerte ergänzen das Programm, und die Gastronomie im Hause sorgt für einen stimmungsvollen Rahmen. Auch ich bin darüber froh und denke, das „Casa" ist in jeder Hinsicht ein Glücksort.

Casablanca Filmkunsttheater, Brosamerstraße 12, 90459 Nürnberg
www.casablanca-nuernberg.de
ÖPNV: U1, Straßenbahn 5, 6, Haltestelle Aufseßplatz

Mit Brezen Drive-In

52 *Der Brezen Kolb*

Menschen aus anderen Städten denken ja, als Nürnberger wird man mit der Bratwurst im Mund und dem Lebkuchen in der Hand geboren. Dabei gibt es Einwohner dieser Stadt, die diesbezüglich gar nicht dogmatisch sind. Wo es aber unter Nürnbergern keine Zweifel und oft genug keine Kompromisse gibt: Laugenbrezen müssen vom „Kolb“ sein.
1957 gegründet, wirbt der Brezen Kolb nicht zu Unrecht mit der Überschrift „Stadtgeschichte mit Familientradition“. Denn Generationen von Nürnbergern, die mit ihren Eltern zum Bummeln in die Innenstadt fuhren, entstiegen an der Lorenzkirche der Straßen- und später der U-Bahn und steuerten zunächst eines der winzigen Verkaufshäuschen an, wo zwischen Körben voller Brezen gerade noch der Verkäufer Platz hatte. Die Wahl bestand aus Brezen mit und ohne Salz oder mit Butter. Das hat Nürnberg geprägt. Dabei ist das Rezept ebenso schlicht wie das Produkt, aber selbstverständlich gibt es neben hochwertigen Zutaten und der Backmethode im Steinofen noch ein Familiengeheimnis, das für den ganz speziellen Kolb-Geschmack sorgt.

TIPP

Morgens reingehen und die Brezenrutsche erleben!

Was im Stammhaus nahe der Innenstadt klein begann, hat inzwischen großstädtische Dimensionen angenommen. In den zahlreichen Brezenhäuschen gibt es nun die Wahl zwischen verschiedenen Wurst- und Käsebelägen. Im kleinen Stehcafé in der nördlichen Altstadt ist dann die Auswahl an Belägen immens: von Brezen mit „Gelbwurst“ – auch ein Nürnberger Klassiker – bis hin zu gänzlich Unfränkischem wie Putencurry.
Regelrecht überwältigt ist man aber vom Ausmaß der 2014 eröffneten neuen Zentrale mit Restaurant: Hier findet man dann neben den bayerischen Klassikern Weißwurst und Brezenknödeln auch neue Kreationen wie z. B. Laugenfrites oder Schnitzel mit Brezenpanade. Die noch warmen Brezen kommen per Rutsche direkt in den Verkaufsraum. Fast wie im Schlaraffenland also.
Der Gipfel des Ganzen ist jedoch das Drive-In, wo sich eilige Auto- und Fahrradfahrer Brezen-Imbiss im Vorbeifahren mitnehmen können.

Brezen Kolb, Ostendstraße 138, 90482 Nürnberg
https://brezen-kolb.de
ÖPNV: Straßenbahn 5, Bus 43, 65, Haltestelle Businesstower, ca. 5 Minuten Fußweg

53 *Das Volksbad*

Im Jahr 1913 erbaut, geehrt mit dem Besuch des Prinzregenten Luitpold und eröffnet im Januar 1914, war das Volksbad eines der größten und modernsten Jugendstilbäder Deutschlands. Das Bad hatte neben den drei Schwimmhallen auch 66 Wannenbäder, und selbst ein Hundebad war integriert!

Nach dem Krieg wurde der Komplex vereinfacht instand gesetzt, und der Badebetrieb konnte fortgesetzt werden. Das Volksbad war damals noch sehr beliebt, viele Nürnberger lernten hier das Schwimmen oder nutzten das Bad zur Körperpflege. Aber trotz der Sanierungsarbeiten wurde der Schwimmbetrieb 1994 mangels Lukrativität eingestellt, und das Bad schloss die Pforten.

Dennoch übt das Volksbad heute immer noch eine große Anziehungskraft auf die Nürnberger aus. Vermutlich auch deshalb finden die regelmäßig veranstalteten Führungen des Vereins „Geschichte Für Alle e. V." regen Anklang. Viele der Teilnehmer sind Fotografen, die auf der Suche nach „Lost Places" sind, um die Patina und den morbiden Charme des Verfalls einzufangen, oder sich einfach über die Gelegenheit freuen, etwas surreal anmutende Fotos in leeren Schwimmbecken machen zu können. Bei zwei der drei Hallen kann man sogar in die Becken steigen und sich wie auf dem Grund der bis zu drei Meter tiefen Bassins fühlen.

Allerdings bietet die Architektur des Volksbades viel mehr als nur blaue Fliesen und leere Becken. Einmal spiegelt sie schon den Stil der Fünfzigerjahre wider, gleich daneben ist der kaiserzeitliche Einfluss noch erkennbar. Aber nicht nur die Schwimmhallen sind beeindruckend, auch das Foyer mit dem großzügigen, hellen Treppenhaus und dem Kassenhäuschen oder die langen, weiß gefliesten Gänge entlang der Umkleidekabinen sind einen Besuch wert.

In letzter Zeit gibt es wieder neue Ansätze, das Bad instand zu setzen, allerdings sind die notwendigen Investitionen erheblich, sodass die Realisierung fraglich ist. Doch auch als Baudenkmal ist das Volksbad ein echtes Kleinod.

Volksbad, Rothenburg Straße 10, 90443 Nürnberg
www.foerderverein-volksbad.de
ÖPNV: U1, U2, U3, Straßenbahn 4, 6, Bus 34, 36, Haltestelle Plärrer

Zeitlos mit 80er-Charme

54 *Das Palais Schaumburg*

Was macht eigentlich einen Glücksort aus? Schickes Ambiente, hippe Hintergrundmusik? Junge, attraktive Servicekräfte, zentrale Lage mit vielen kostenlosen Parkplätzen? Oder stehen Sie mehr auf abwechslungsreiche, nachhaltig zubereitete Speisen, jahrelange Erfahrung, schnelle, nette Bedienung und gleich bleibende Qualität?

Wenn Letzteres für Sie im Vordergrund steht, kann ich Ihnen das „Palais Schaumburg“ nur ans Herz legen. Seit mindestens dreißig Jahren ist es Treffpunkt, Kneipe und Speiselokal im tiefsten Gostenhof. Die Holzpodeste, die den L-förmigen Gastraum auflockern und einen Achtzigerjahre-WG-Charme verbreiten, sind noch dieselben wie in den Anfangszeiten. Der Geist des Stadtteils, in dem sich Atomkraft- und Nachrüstungsgegner in den 80ern getroffen haben und auch heute noch alternative Lebensentwürfe gelebt werden, schwebt immer noch durch den Raum. Die Deko besteht vornehmlich aus wechselnden Ausstellungen lokaler Künstler, mit Sachverstand ausgewählt.

Wichtiger als Äußerlichkeiten jedoch sind in der Gastronomie immer die Menschen, die das Lokal führen. Obwohl im Sommer 2016 der Betreiber wechselte, arbeiten einige der Küchen- und Servicekräfte schon seit Jahrzehnten im „Palais“. Selbst studentische Aushilfskräfte halten dem Lokal oft für die Dauer ihrer kompletten Studienzeit die Treue. Das Publikum hat auch nicht gewechselt, es ist nur etwas älter geworden, jüngere Gesichter kommen dazu. Die Küche passt sich neuen Trends mit Fingerspitzengefühl an, neben den Standards gibt es täglich wechselnde Mittags- und Abendkarten, immer zur Hälfte vegetarisch. Die Zutaten sind natürlich aus der Region, ebenso die ausgesuchten Biere, die von unterschiedlichen Brauereien stammen und vom Sachverstand des Betreibers zeugen. Die meisten Tische sind für mehr als vier Personen gedacht. Es fördert das Miteinander, im toleranten Multikulti-Stadtteil kein Problem, sondern eher sympathisch. Muss ich erwähnen, dass das „Palais“ fast immer voll ist? Also besser reservieren.

Palais Schaumburg, Kernstraße 46, 90429 Nürnberg
www.palaisschaumburg.de
ÖPNV: U1, Haltestelle Gostenhof

Palais Schaumbur
SELBSTBEDIENUNG
Bitte an der Theke bestellen!
Fass
ZELTNER Helles
LINDENBRÄU Vollbier
SPALTER Pils
REH
Flasche
SCHWARZE ANNA
SCHANZENBRÄU
MEISTER

Zeitung lesen im Kreuzgang

55 *Das Zeitungscafé Hermann Kesten*

Suchen Sie nach einem Geheimtipp? Einem Ort, den selbst viele Einheimische gar nicht kennen? Hiermit lade ich Sie ein in die Nürnberger Stadtbücherei. Zu langweilig? Lesen Sie doch erst mal weiter!
Die ehemalige Kirche des Katharinenklosters ist den meisten Nürnbergern und vielen Besuchern ein Begriff als Open-Air-Veranstaltungsort. Ziemlich beeindruckend steht die Bühne dann vor dem Hintergrund des Kirchenchors, das Schiff noch erkennbar an den Mauerresten ringsherum. Das Kloster hat bleibende Bedeutung erlangt durch seine größte dokumentierte deutschsprachige Bibliothek. Passenderweise grenzt auch der Neubau der Stadtbibliothek direkt an die Ruine. Was kaum jemand weiß: Teile des ehemaligen Klosters und der Klosterhof sind renoviert. Ein Teil des Kreuzgangs ist ein Café, eingerichtet im Stil alter Kaffeehäuser, der romantische Garten ist umrahmt von gotischen Fenstern. Auch eine Statue des Namenspatrons, des Schriftstellers und Nürnberger Ehrenbürgers Hermann Kesten, steht im Garten.
Hier findet man Ruhe vom Lärm der City und kann sogar Zeitung lesen. Jedoch beschränkt sich das Angebot nicht nur auf lokale Erzeugnisse – in den Ständern findet sich die europäische Presse wie „Le Monde", „Hürriyet", „The Guardian", aber auch „Russkaja Germanija". Die Blätter liegen für jeden kostenlos zum Lesen aus, man sollte sie nur nach der Lektüre wieder zurücklegen. Natürlich gibt es zum Kaffee auch Kuchen und kleine Snacks für Mittagsgäste, alles liebevoll selbst gemacht von Ute Weißig und ihren Mitarbeiterinnen. Auch der Service ist nett und zuvorkommend: Als ich mich bei meinem letzten Besuch nicht zwischen zwei Kuchen entscheiden konnte, bekam ich einfach zwei kleine Stücke zum Preis von einem.
Lassen Sie sich nicht irritieren – der Weg ins Café führt durch die Bibliothek, vorbei an den Bücherregalen zu „Recht", „Pädagogik" und „Militärwesen". Aber vielleicht lassen Sie sich ja gerade dadurch zu neuem Lesestoff inspirieren.

TIPP Mittags voll – besser gleich morgens oder am Nachmittag besuchen!

- **Zeitungscafé in der Stadtbibliothek, Gewerbemuseumsplatz 4, 90403 Nürnberg**
- **ÖPNV: U2, U3, Haltestelle Wöhrder Wiese, Straßenbahn 8, Haltestelle Marientor**

Bitte
maximal 2 Zeitungen
entnehmen
Das Parlament
DER TAGESSPIEGEL
NZ Nürnberger Zeitung

Unsere Spielwiese

56 *Die Wöhrder Wiese*

An diesem Ort lernen Sie von Frühjahr bis Herbst, wie Sie Ihre Sinne entfalten können, sehen ganzjährig Fußballspiele mit internationaler Beteiligung und können eislaufen, wenn die Feuerwehr im Winter einen Teil der Wiese flutet. Hier führt die Stadtbevölkerung ihre Kinder an die frische Luft und die Hunde Gassi, ein frequentierter Fahrradhighway teilt sich den Weg überraschend problemlos mit Fußgängern, und natürlich drehen auch Jogger hier ihre Runden. Enten landen schnatternd im Wasser der Pegnitz, zuweilen kommen auch die Möwen vom nahen Wöhrder See herüber. Zum Kontrast dreht der alte Bismarck auf seinem Sockel dem bunten Treiben den Rücken zu, und jeweils Ende März und Ende September sieht man vom Talübergang aus die Sonne genau zwischen den Türmen der Lorenzkirche untergehen.
Die Wöhrder Wiese ist ein wenig Central Park in Nürnberg. Das „Erfahrungsfeld der Sinne" lockt seit mehr als zwanzig Jahren in der Sommersaison Kinder und Erwachsene, regt alle Sinne an und vermittelt spielerisch Naturphänomene. Im Biergarten mit den putzigen Holzhäusern gleich nebenan verbringen die Nürnberger vor dem Hintergrund der illuminierten Altstadt laue Sommerabende und Teile des Wochenendes. Unter der Woche ist der Wiesengrund von Studenten der benachbarten Hochschulen und von Mitarbeitern der umliegenden Firmen bevölkert, die hier ihre Pausen genießen. Amateurfußballer jeder Nationalität tragen abends und am Wochenende Spiele gegeneinander aus. Frisbeescheiben fliegen fast ganztägig durch die Luft. Manch ein Besucher wundert sich über Baumstümpfe mit unregelmäßigen, konischen Bruchstellen nahe der U-Bahnstation, kurz bevor die Pegnitz die Stadtmauer unterquert. Ein Warnschild „Biberrevier" untermauert die Vermutung – tatsächlich sind die Baumfällarbeiten das Ergebnis nächtlicher Tätigkeiten der hier ansässigen Biber. Zuweilen sieht man sogar tagsüber eines der Tiere.
Falls Sie also echte Nürnberger bei Arbeit, Sport und Spiel beobachten wollen – nirgendwo sonst finden Sie eine so große Vielfalt davon.

Wöhrder Wiese, im Osten der Altstadt entlang der Pegnitz zwischen Gleißbühlstraße und Wöhrder Talübergang

ÖPNV: U2, U3, Haltestelle Wöhrder Wiese, Bus 36, Haltestelle Technische Hochschule

Einfach nur Schokolade?

57 *Die Chocolaterie Endorphin*

Das Glückshormon Endorphin wird nicht nur beim Ausdauersport ausgeschüttet, sondern dummerweise auch beim Genuss von Schokolade. So erklärt sich der Name des keineswegs schlichten Ladens im Osten der Stadt. Hinter Fenstern mit goldenen Lettern steht in der Chocolaterie Endorphin eine Theke mit Leuchtschrift und Kühlabteil, Regale vor Spiegelwänden und Schubläden aus edlen Hölzern präsentieren Tafeln feinster Schokolade, und von der Decke hängen gleich zwei dekorative Kronleuchter, die das Eckhaus mit der hübschen Treppe zum Hingucker machen.
Aber natürlich liegt es nicht am Ambiente, dass das „Endorphin" vor Kurzem im Magazin „Der Feinschmecker" Erwähnung fand. Vielmehr liegt es an den Lebkuchen-, Pralinen- und Trüffelkreationen von Thomas Dornauer. Die Bäckerei des Großvaters in Eckental musste er im Grunde neu erfinden und hat sich dort mit Überzeugung und Hingabe einen Namen als Lebküchner gemacht, der inzwischen auch Bestellungen von Fürstenhäusern bedient. Die Liebe zur Schokolade hat ihn dann zum Chocolatier werden lassen. Ich wundere mich, dass der drahtige Mann für sein Leben gern Schokolade isst: Zu seinem 18. Geburtstag hat er 200 (!) Tafeln Schokolade geschenkt bekommen – und sich darüber gefreut. Seine Frau führt die Chocolaterie in Mögeldorf, sympathisch, offen und mit einem Händchen fürs Dekorative. Aufgrund der versteckten Lage haben die Dornauers kaum Laufkundschaft. Aber es kommen Schulmädchen, die einen Teil ihres Taschengeldes in eine einzige Praline investieren, und ältere Damen, denen beim Erklimmen der Treppe geholfen wird, ebenso wie Firmenchefs, die ihren Mitarbeitern zu Weihnachten oder zum Geburtstag etwas wirklich Besonderes zukommen lassen wollen. Beim Plausch mit Frau Dornauer kann man einen ausgezeichneten Cappuccino genießen, der statt mit einem Amarettini natürlich mit einer Praline kommt.
Neuerdings gibt es bei Dornauers auch Marmelade – ich bin überzeugt, sie ist genauso suchtverdächtig wie die Pralinen.

Dornauers Lebküchnerei & Chocolaterie Endorphin, Mögeldorfer Hauptstraße 62, 90482 Nürnberg
www.dornauers.de

ÖPNV: Bus 40, 45, Haltestelle Ziegenstraße, Straßenbahn 5, Haltestelle Mögeldorf

Romantischer Blick

58 *Die Burgfreiung*

Als Nürnberger kommt man eigentlich nur auf die Burg, wenn man Besuchern die Stadt zeigen möchte. Dabei ist der Besuch auch für mich immer wieder beeindruckend. Denn wo gibt es schon eine Großstadt mit einem Felsen mittendrin, auf dem eine richtige Burg steht? Die Sehenswürdigkeiten im Inneren der Kaiserburg möchte ich Ihnen hier gar nicht schmackhaft machen, obwohl die auch sehenswert sind. Ich möchte Ihnen Appetit auf die Aussicht machen!

Natürlich, der Weg von der Innenstadt aus ist beschwerlich, denn wenn man die Burgstraße hinaufläuft, kommt man leicht außer Atem. Obwohl man am Fuß der Kaiserstallung schon denkt, gleich hat man es geschafft, kommt noch eine Biegung – besonders beschwerlich wegen des groben Kopfsteinpflasters –, und erst wenn man durch das letzte Tor gelaufen ist, sieht man den Himmel hinter einer Brüstung, an der schon etliche Menschen stehen.

Aber der Weg hat sich gelohnt – die ganze Stadt liegt Ihnen nun zu Füßen, eine vieltausendmal fotografierte Ansicht. Sie blicken über die beiden großen Kirchen, St. Sebaldus und St. Lorenz, zum Opernhaus. Der einsam emporragende Business Tower links, das zweithöchste Bürogebäude Bayerns, etwas weiter rechts erkennen Sie die barocke Egidienkirche, zwischen ihren Türmen den Laufer Schlagturm. Der große Komplex etwa eine Handbreit rechts davon ist die Bundesagentur für Arbeit, dahinter erkennt man die Flutlichtmasten des Stadions. Auf der rechten Seite sehen Sie neben der grünen Kuppel der Elisabeth-Kirche das denkmalgeschützte Plärrer-Hochhaus, eines der ersten größeren Gebäude, die nach dem Krieg entstanden.

Entweder Sie kommen morgens vor Ihrem Stadtrundgang her, dann blendet die Sonne nicht und beleuchtet die Bauten. Oder Sie schauen sich zum Abschluss an, was Sie tagsüber alles erlaufen haben, und genießen das Abendrot, wenn die Lichter der Stadt angehen und alle Sehenswürdigkeiten im Scheinwerferlicht erstrahlen.

Dann bin ich glücklich, dass ich in so einer schönen Stadt lebe.

Kaiserburg Nürnberg, Am Ölberg, 90403 Nürnberg
www.kaiserburg-nuernberg.de
ÖPNV: Bus 36, Haltestelle Burgstraße, Straßenbahn 4, Haltestelle Tiergärtnertor

Heim für regionale Kunst

59 *Die Kunstvilla*

Eine wunderschöne Villa, erbaut Ende des 19. Jahrhunderts im Stil des Historismus vom Frankfurter Architekten Heinrich Theodor Schmidt, ist der jüngste Baustein des Nürnberger „KunstKulturQuartiers". Emil Hopf, ein jüdischer Hopfenhändler, gab den Bau in Auftrag und wohnte mit seiner Familie dort bis 1920. Obwohl von Bombenschäden verschont, konnte das Juwel nach dem Krieg nur mit Mühe vor dem Abriss gerettet werden. Nach einer wechselvollen Geschichte schenkte Bruno Schnell, Nürnberger Zeitungsverleger und letzter Eigentümer, die Villa 2006 der Stadt zur Nutzung als „Neue Fränkische Galerie", um nach siebzig Jahren der regionalen Kunst wieder eine Heimat in einem angemessenen Rahmen geben zu können.

Äußerlich gut erhalten, hatte die unterschiedliche Nutzung im Inneren jedoch Spuren hinterlassen, die eine Generalsanierung nötig machten. So entstand in knapp dreijähriger Bauzeit eine Ausstellungsfläche von rund 600 Quadratmetern. Dabei ist die Kunstvilla nicht nur ein Podium für die fränkische Kunst von 1900 bis heute, sondern stellt als Baudenkmal und Zeugnis der jüdischen Geschichte in Nürnberg ein Exponat für sich dar. In diesem Zusammenhang steht auch die Installation „Textband für Emil" von Somayeh Farzaneh – Texte in Brailleschrift zur Erinnerung an den Erbauer und seine Stiftungen, eingelassen im Handlauf des Treppengeländers. Im Dachgeschoss finden wechselnde Sonderausstellungen ihren Platz. Erdgeschoss und Obergeschoss beherbergen die Dauerausstellung, die durch Szenenwechsel aufgelockert wird und so auch dem umfangreichen Depotbestand Rechnung trägt. Durch großzügige Schenkungen besteht dabei kein Mangel an Diversität und Qualität. Besonders hervorzuheben ist in diesem Zusammenhang die Stiftung des Nachlasses der Nürnberger Künstlerfamilie Kertz, der ein eigenes Kabinett gewidmet wurde. Lassen Sie sich verzaubern beim Aufstieg über die Treppen aus dem 19. Jahrhundert und entdecken Sie die neuen fränkischen Meister und deren Kunst!

TIPP Jeden ersten Sonntag im Monat gibt es eine KinderKunstwerkstatt!

Kunstvilla im KunstKulturQuartier, Blumenstraße 17, 90402 Nürnberg
www.kunstkulturquartier.de/kunstvilla
ÖPNV: U2, U3, Haltestelle Wöhrder Wiese, Straßenbahn 8, Haltestelle Marientor

Pizza riesengroß

60 *L'Osteria*

Eine Legende war die L'Osteria schon vor dem Besitzerwechsel Ende der 90er-Jahre. Nicht nur wegen der riesigen, leckeren Pizzen, sondern vor allem wegen der unkonventionellen Methode der Weinberechnung. Man bekam nämlich in dem engen, familiären Lokal in der Pirckheimerstraße eine Eineinhalb-Liter-Flasche Wein und einen Stapel einfacher Gläser auf den Tisch gestellt, der Füllstand war mit Filzstift markiert. Später entschied der Kellner nach Augenmaß, was zu bezahlen war.
Heutzutage geht es nicht mehr ganz so locker zu, denn aus dem Geheimtipp und der Erfolgsgeschichte zweier Nürnberger, die das Lokal angeblich über Nacht von seinem Vorbesitzer übernahmen, ist inzwischen eine Kette von Restaurants in ganz Deutschland und Europa geworden. Insofern empfehle ich an dieser Stelle gewiss kein verstecktes Kleinod, wobei die zweite, neue L'Osteria im Tullnaupark hinter den modernen Verwaltungsgebäuden durchaus etwas versteckt liegt.
Dafür hat das hübsche Gebäude einen historischen Hintergrund, denn es war das erste Elektrizitätswerk Nürnbergs von 1896, das nun – vorbildlich renoviert – das Restaurant beherbergt. Der industrielle Charme des Gebäudes wird von der Einrichtung unterstrichen: Rohe Backsteinwände, die Leitungen sind zwischen den großen Fenstern offen verlegt, und auch die Beleuchtung ist im „Industrial"-Stil. Bistrotische wechseln sich ab mit großen Holztischen für 8 bis 12 Personen, die Küche – ein echter Hingucker! – ist komplett einsehbar. Auf einer zweiten Ebene sitzt man auf gediegenen Ledersofas vor einem riesigen alten Rollschrank.
Die Speisekarte bietet neben den besten Pizzen der Stadt auch eine große Auswahl für deutsche Verhältnisse recht kreativer Nudelgerichte, wie zum Beispiel „Paccheri Salsiccia", eine sehr würzige Pasta mit italienischer Bratwurst und Porree in Weißwein. Die Nudeln werden in der eigenen Pastamanufaktur frisch hergestellt. Wöchentlich wechselnde Gerichte erweitern die Speisekarte. Der Service ist angenehm schnell und meist richtig herzlich.

- **L'Osteria, Am Tullnaupark 9, 90402 Nürnberg**
- **ÖPNV: Straßenbahn 5, Haltestelle Tullnaupark**

CUCINA

Verstecktes Kleinod

61 *Obere Wörthstraße*

Im Grunde ist die Obere Wörthstraße ein Fall von Understatement, denn sie wird umfasst von Sehenswürdigkeiten, die sie mit ihrem vordergründigen Glanz überstrahlen. Im Westen mündet sie in den Unschlittplatz, einen der wenigen schönen Plätze in Nürnberg. Die Fachwerkhäuser und der mittelalterliche Kornspeicher bilden den Rahmen für das ausgezeichnete Restaurant „Opatija", wo man im Sommer neben dem romantischen Dudelsackpfeifer-Brunnen sitzen kann. Am östlichen Ende stehlen ihr die chicen Designerläden der Kaiserstraße die Show. Dabei ist sie ein Kleinod und das Pendant zur pittoresken Weißgerbergasse auf der anderen Pegnitzseite – eine der wenigen halbwegs erhaltenen Handwerkergassen, die früher das mittelalterliche Bild der Stadt prägten.

Durch viele Schaufenster in den hübschen Fassaden wirkt die Obere Wörthstraße zugänglicher und erinnert dabei entfernt an Straßen in den Niederlanden. Die meisten Läden der Oberen Wörthstraße sind nicht so namhaft wie die in der Kaiserstraße, aber ebenso exklusiv. Auffällige Glanzstücke sind die Künstlerschmuck-Filiale der namhaften Galerie Voigt und schräg gegenüber der erst kürzlich eingeweihte Leica-Store mit Fotogalerie. Wenn Sie Kameras lieben, sollten sie in „Das Föhst" schauen, dort finden Sie Klassiker der Kamerageschichte. Im „Ill Amore" genießen Sie im geschmackvoll restaurierten Altstadthaus Kaffee, Kuchen und Feinkostleckereien. Hinter hellen Fenstern und der grünen Fassade passt „Herr Menig" Designerbrillen an. Etwas weiter wird im edel renovierten Renaissancehaus trendige Mode von „Susanne Bommer" präsentiert, einer Münchener Modedesignerin. Passend dazu fertigen für Sie die Friseure im „Freiraum" coole Styles in kühlem Ambiente. Den Kontrast zu diesen Designerläden bietet das „Kloster", eine schräge, aber sehr lässige Altstadtkneipe.

In jedem der Läden spürt man, dass Kundendienst und individuelle Beratung im Vordergrund stehen. Abseits der Filialisten in den Fußgängerzonen findet man hier immer exklusive Einzelstücke.

Obere Wörthstraße, 90402 Nürnberg
ÖPNV: U1, Haltestelle Weißer Turm

GALERIE FLÜGEL-RONCAK
12

62 *Das Kindermuseum*

Einmal im Kolonialwarenladen wie zu Urgroßelterns Zeiten an der Registrierkasse drehen, den Zweck alten Werkzeugs entdecken und es sich in der „Guten Stube“, verkleidet wie Oma und Opa, gemütlich machen. Schokolade selber herstellen, die Fütterung eines Chamäleons beobachten und im Regenwaldhaus Wasseragamen auf der eigenen Schulter sitzen lassen. In der Osterzeit Küken beim Schlüpfen zusehen, sie vorsichtig in die Hand nehmen und fühlen, wie weich sie sind. Oder in einem millionenfach vergrößerten Modell einer Zelle etwas ausruhen. Das alles und noch viel, viel mehr kann man im Kindermuseum machen.

In der „Schatzkammer Erde“ erfahren Kinder und Jugendliche Hintergründe zum Leben auf der Erde, zu Umwelt, Physik und Natur. Sie dürfen selber auf Entdeckungsreise gehen und untersuchen, anfassen und ausprobieren. Es gibt gruselige Vogelspinnen anzuschauen oder ein menschliches Skelett zu untersuchen und im Modell die Organe des Körpers zu platzieren, Riesenschnecken anzufassen oder Pingpongbälle mit einem Föhn zu jonglieren. In der Abteilung „Alltag der Urgroßeltern“ erfährt man vom Leben der Menschen zu Beginn des 20. Jahrhunderts. Wie ging Wäschewaschen ohne Waschmaschine, und wie die Bodenreinigung ohne Staubsauger und elektrischen Strom? Wie kochte und buk man, nur mit Kohleöfen? Ausprobieren ist ausdrücklich erwünscht, natürlich immer unterstützt von den vielen Museumspädagogen und ehrenamtlichen MitarbeiterInnen, die offenbar endlos Geduld haben.

TIPP Im selben Haus residiert auch das feine Kindertheater Mummpitz!

Das Kindermuseum im „Kachelbau“ auf dem ehemaligen Schlachthofgelände ist aus dem „Museum im Koffer e. V.“ hervorgegangen und der niedergelassene Zweig des mobilen Museums. Aber das mobile Museum tourt immer noch an 300 Tagen im Jahr deutschlandweit dorthin, wo Bedarf für aktive, entdeckungslustige und kreative Bildungsarbeit besteht. Dabei hat es schon den Kulturpreis des Deutschen Kinderhilfswerks und das Qualitätssiegel Umweltbildung Bayern bekommen. Hier können auch Eltern noch zusammen mit ihren Kindern staunen.

Kinder- und Jugendmuseum Nürnberg, Michael-Ende-Straße 17, 90439 Nürnberg
www.kindermuseum-nuernberg.de
ÖPNV: U2, U3, Haltestelle Rothenburger Str.

Persil
bleibt
Persil

Zu Gast bei Freunden

63 *Da Zio Vito*

Träumen auch Sie davon, in einem Restaurant aufs Freundlichste begrüßt, zu Ihrem Platz geführt zu werden und aus einer Vielzahl wechselnder Tagesgerichte wählen zu können? Leider gibt es das hierzulande immer seltener. Aber ich kenne ein solches Paradies.
In einem hübschen Fachwerkhaus, das man im Stadtteil Fischbach am Rande Nürnbergs gar nicht erwarten würde, ist das „Da Zio Vito" zu Hause, ein Restaurant, das mit der Bezeichnung „Trattoria und Pizzeria" bescheiden tiefstapelt. Denn eine „Trattoria" ist ein Lokal mit familiärer Atmosphäre, in dem einfache Speisen zubereitet werden – und einfach sind die Gerichte hier nicht. Richtig ist allerdings die „familiäre Atmosphäre". Denn ich habe noch nie ein Lokal besucht, wo ich so aufrichtig herzlich begrüßt werde. Ich meine nicht diese aufgesetzte Kellnerfreundlichkeit, sondern eine freundschaftliche Begrüßung, wie ein Familienmitglied, das man seit Monaten nicht mehr gesehen hat und über dessen Kommen man sich ehrlich freut. Ein kleiner Small Talk auf dem Weg zum Tisch, man erkundigt sich auch nach fehlenden Familienmitgliedern. Das Ambiente ist gutbürgerlich, stilsicher gemütlich und geschmackvoll dekoriert. Aufgrund des Baujahres des Gebäudes sind die Räumlichkeiten eher klein – kuschelig, aber nicht eng. Im Sommer bietet der Garten unter alten Bäumen eine romantische Alternative, im Blickfeld liegt das Harsdorf'sche Schloss, ein Gebäude aus dem 16. Jahrhundert.

TIPP Während der Messen abends immer voll, rechtzeitig reservieren!

„Einfache Speisen" ist sicher eine Frage der Definition. Schade wäre es aber, wenn Sie sich mit einer Pizza begnügen würden. Auf keinen Fall sollten Sie sich den hausgemachten Antipastiteller entgehen lassen. Er reicht auch für zwei Personen, vor allem, wenn Sie auch ein Hauptgericht essen möchten. Denn „Lammcarrée" oder „Leber Venezianische Art" klingen zumindest für mich nahezu unwiderstehlich. Dazu gibt es blanchiertes Gemüse in Olivenöl geschwenkt und Rosmarinkartoffeln. Aber mein Lieblingsgericht sind Spaghetti Vongole.

Trattoria Da Zio Vito, Fischbacher Hauptstraße 186, 90475 Nürnberg
www.da-ziovito.de
ÖPNV: Bus 54, 56, 59, Haltestelle Zum Schüsselstein

Ruhe und Begegnungen

64 *Der Kreuzigungshof im Heilig-Geist-Spital*

Eine unscheinbare Toreinfahrt, die viele Menschen übersehen, führt zu dem friedlichsten und schönsten Innenhof, den die Stadt zu bieten hat. Der Haupteingang des Heilig-Geist-Spitals ist nicht so malerisch wie der Anblick von der Museumsbrücke aus, nur eine Bronzeplatte am Eingang gibt Auskunft über das Gebäude und das Innere. Aber obwohl es den Anschein eines privaten Anwesens hat, darf man unbesorgt hineingehen. Nach einigen Schritten gelangt man zu einer Engstelle und geht die Treppen des überdachten, holzverkleideten Aufgangs hinauf. Man blickt nun in den sogenannten Kreuzigungshof, der seinen Namen den Skulpturen der Kreuzigungsgruppe von Adam Kraft verdankt, der sie zu Beginn des 16. Jahrhunderts schuf. Am nördlichen Ende befinden sich zwei Tischgräber: das des Gründers Konrad Groß und das von Herdegen Valzner, einem weiteren Stifter.

Das Spital selbst ist rund 200 Jahre älter als der Hof, es wurde 1339 auf Initiative des Nürnbergers und damaligen Reichsmünzmeisters Konrad Groß errichtet. Die Gründungsurkunde mit drei Siegeln misst beeindruckende 146 x 71 cm und ist einer der Schätze des Nürnberger Stadtarchivs. Auf ihr sind die Intentionen und Anweisungen des Stifters verewigt, denen sich die Stadt auch heute noch verpflichtet fühlt. Denn weite Teile des Spitals beherbergen heute wie damals ein Seniorenwohnheim.

Im Hof findet man Ruhe und an heißen Sommertagen einen kühlen Ort. Beim Bardentreffen finden hier alljährlich Konzerte statt, deren Besuch man sich allerdings mit Schlangestehen verdienen muss, denn dieser lauschige Hof gehört zu den begehrtesten Veranstaltungsorten. Wer Informationen benötigt, findet an den Wänden Erklärungen zu den Kunstwerken. Aber am besten spricht man die Bewohner des Seniorenheims an, die sind gewöhnlich gut informiert und freuen sich immer über einen Plausch mit Besuchern. Da sich im Hof auch eine Cafeteria befindet, muss man nicht lange suchen, sondern kann sich bei Kaffee und Kuchen gleich für weitere Erkundungen stärken.

Heilig-Geist-Spital, Haupteingang, Vordere Insel Schütt 2a, 90403 Nürnberg
ÖPNV: Bus 37, 46, 47, Haltestelle Heilig-Geist-Spital, U1, Haltestelle Wöhrder Wiese, Straßenbahn 8, Haltestelle Marientor

Süße Miniaturen

65 *Fräulein Gustis Süßes Handwerk*

Wenn jemand ein Praktikum absolviert und daraufhin unmittelbar eine Lehrstelle bekommt, spricht das für Engagement, Talent und natürlich Sympathie. Dass Martina Meyer wirklich sympathisch ist, kann ich nach meinen Besuchen nur bestätigen. Aber das ist natürlich nicht das ausschlaggebende Kriterium zur Beurteilung einer Konditorin. Vielmehr sind es die Kreationen einer Chef-Patissière, die in einer Patisserie die Aufmerksamkeit der Kunden auf sich ziehen. Noch dazu kann man „Fräulein Gusti" bei ihrer Arbeit zusehen. In ihrer gläsernen Backstube entstehen ihre leckeren Kompositionen oft unter den Blicken neugieriger Zuschauer. Sie dient aber auch zu Macaron-Kursen für ambitionierte Amateur-Konditoren.

Auch wenn der unbedarfte Besucher meinen könnte, im Schatten der Burg würde die Kundschaft vor allem aus Touristen bestehen – weit gefehlt! Im Burgviertel gibt es eine langjährige Anwohnerschaft, aber auch junge Leute zieht es wieder ins Zentrum zwischen Hauptmarkt und Tiergärtnertorplatz. Man könnte auch sagen: Die Altstadt lebt. Demzufolge besteht die Kundschaft von Fräulein Gusti sowohl aus Nachbarn, die sich ihren Leckerbissen schon zum Frühstück gönnen, als auch aus Besuchern, die nur für sie den Burgberg hinaufkommen, um hier zum leckeren Cappuccino Cupcakes, Macarons, Pralinen oder Torten im schönen Ambiente zu genießen oder für Feierlichkeiten zu bestellen.

Apropos Ambiente: Die Gemälde an den Wänden, kunstvolle Porträts, die gut genährte, unbeschwerte Menschen und Wesen aus dem Tierreich zwischen Satire und Karikatur darstellen, stammen von Gabriele Meyer, Martinas Mutter. Da fällt es natürlich leicht, Verbindungslinien zu ziehen zwischen Handwerk, Kunst und der Lebensfreude, die ihre Gemälde ausstrahlen und für die genauso das süße Handwerk sorgt. 2017 hat die Mutter ihre Werkstatt der Tochter übergeben, und man stellt fest, dass sich die kulinarischen und die kulturellen Werke gut ergänzen. Und wie formuliert es die Website von „Fräulein Gusti"? „Glück kann man essen."

Fräulein Gusti Süßes Handwerk, Obere Schmiedgasse 52, 90403 Nürnberg
www.fraeulein-gusti.de

ÖPNV: Bus 36, Haltestelle Burgstraße, Straßenbahn 4, Haltestelle Tiergärtnertor

Übernachten auf der Burg

66 *Jugendherberge in der Kaiserstallung*

Haben Sie schon mal in einer Jugendherberge übernachtet? Wenn Sie jetzt an Stockbetten und kratzige Decken denken – vergessen Sie's! Die Nürnberger Jugendherberge befindet sich auf der Burg und hat nichts Muffiges an sich. Sogar die Bundeskanzlerin war schon hier. Nicht zum Übernachten, sondern im großen Saal zum Bürgerdialog im Oktober 2015.

Das Gebäude wurde 1495 als Kornspeicher erbaut, die unteren Etagen dienten als Stallungen. 1937 wurde das Gebäude zur „Reichsjugendherberge" umgebaut und 2013 umfassend erneuert. Nun bietet die Herberge 93 modernste Zimmer mit WC und Dusche sowie eine zeitgemäße Gastronomie. „Jugendherberge zwei Punkt null" wird nicht nur durch plakative Grafiken mit QR-Code umgesetzt – die digitale Infrastruktur mit Medienräumen und PCs steht Gruppen und Schulklassen zur Verfügung, der Lernort bietet Filme zur Auseinandersetzung mit Nürnbergs Geschichte in der NS-Zeit oder während der Reformation.

Schlafsäle gibt es hier nicht mehr, dafür aber Familienzimmer, denn heute sind Jugendherbergen auch Quartiere für Erwachsene mit Kindern. Aber vor allem sind Jugendliche und junge Erwachsene Gäste des Teams um die Leiterin Sigrid Natterer. Das Publikum ist international, Gemeinschaft wird großgeschrieben, Lounges zum „Get together" sind vorhanden, und so steht der Kommunikation nichts im Wege – nicht einmal Fernsehgeräte auf den Zimmern.

Die Lage auf dem Burgberg mit tollem Blick auf die Altstadt, ein altes Gemäuer, in dem das Geschlecht der Hohenzollern als Burggrafen seine Macht festigte, gleich bei der Stelle, an der Raubritter Eppelein von Gailingen mit seinem Pferd über den Stadtgraben sprang und so dem Henker entging – wo erwartet einen mehr Geschichte und mehr Überblick? Das alles ist vielleicht nur noch mit der Nähe zum Christkindlesmarkt zu toppen, der sich quasi in „Falllinie" unter der Burg befindet. Den Besuch zur Weihnachtszeit sollten Sie allerdings lange vorher reservieren, die Zimmer sind schnell belegt.

Jugendherberge Nürnberg, Burg 2, 90403 Nürnberg
http://nuernberg.jugendherberge.de
ÖPNV: Bus 36, Haltestelle Burgstraße, Straßenbahn 4, Haltestelle Tiergärtnertor

Mehr als eine Kneipe

67 *Caffé Fatal*

Man nehme ein schönes, Ende des 19. Jahrhunderts im Historismus erbautes Backsteinhaus. Einen kleinen, vor Blicken und zu viel Sonne durch dichten Wein und gelbe Markisen geschützten Garten. Eine ruhige, helle Straßenecke im schönen Stadtteil Johannis. Hier trifft man sich seit dreißig Jahren gleich nach der Uni oder am Abend zum Essen, zum Frühstücken oder am Sonntag mit Kind und Kegel zum Brunchen.
Das „Fatal" als Kneipe zu bezeichnen, finde ich untertrieben, es ist einfach zu vielseitig. Allerdings haben Petra und Robert, die Betreiber, kein Problem damit und schreiben es auch auf die Visitenkarten. Man sieht der liebevoll und stilsicher zusammengestellten Einrichtung an, dass sie im Laufe der Jahre gewachsen ist und Charakter entwickelt hat. Manche der Stühle stammen aus dem Café Kröll, früher eine Institution am Hauptmarkt, und die metallenen Zuckerdosen aus Marokko. Eine siebenarmige Menora erinnert an die ehemals noble jüdische Nachbarschaft, eine frühe Fotografie an Roberts Urgroßmutter. Vielleicht liegt es daran, dass sich das „Fatal" im Laufe der Jahre zum erweiterten Wohnzimmer vieler Familien und Freundeskreise entwickelt hat.
Die unspektakuläre Speisekarte spiegelt die Unaufgeregtheit der Betreiber und der Gäste. Dass es dabei nicht an Kreativität mangelt, zeigen die Namen der Frühstücke, die nicht nur nach den Lieblings-TV-Serien benannt sind, sondern deren Zusammenstellung allesamt einen Verweis auf die kultigen Serien bietet, wie etwa der Käsekuchen bei „Golden Girls". Vegetarische und vegane Gerichte sind selbstverständlich gleichwertig auf der Speisekarte vertreten. Die Gäste sind im Alter von 17 bis 70, man feiert auch mal Geburtstage im „Fatal". Die ungewöhnlich große Spielkiste deutet darauf hin, dass Kinder wirklich willkommen sind. Der Service ist ausnahmslos freundlich und entspannt, dabei schnell und aufmerksam. Das Caffé Fatal hat den ganzen Tag geöffnet – und ist immer gut besucht. Den Grund dafür sollten Sie am besten selbst herausfinden.

TIPP

Am Samstag ist traditionell Weißwurstfrühstück!

Caffé Fatal, Jagdstraße 16, 90419 Nürnberg
www.caffe-fatal.de
ÖPNV: Bus 34, Haltestelle Lange Zeile, U3, Straßenbahn 4, Haltestelle Friedrich-Ebert-Platz

CAFFÉ FATAL
FATAL
AUS DER FATAL-KÜCHE - schmeckt wie daham!
SCHINKENNUDELN mit bunten SALAT 7,90
3 FRÄNKISCHE Bratwürste mit SAUERKRAUT oder KARTOFFELSALAT, dazu Senf & Brot 7,90
PFANNEN Schnitzel mit Meerrettichpanade & hausgem. Kartoffelsalat 9,20

68 *Die fahrerlose U-Bahn*

Stadtrundgänge mit Kindern können anstrengend sein. Sowohl für die Kleinen als auch für die Eltern. Um lange Wege aufzulockern oder für eine kurze Erholung bietet sich eine Fahrt mit öffentlichen Verkehrsmitteln an. Normalerweise bevorzuge ich in fremden Städten Busse zur besseren Orientierung, um aber für ein klein wenig Abenteuer zu sorgen, empfehle ich Ihnen in Nürnberg eine Fahrt mit der U-Bahn.
Falls Sie sich jetzt wundern: Das Abenteuer besteht darin, dass Sie selbst hinter der Frontscheibe stehen können, denn in Nürnberg gibt es etwas, worum uns manche Metropole der Welt beneidet: Nürnberg hat seit 2009 eine fahrerlose U-Bahn!
Ganz vorne anstelle des Fahrers zu stehen und die Fahrt durch den Tunnel zu erleben ist selbst für manchen Erwachsenen ein Erlebnis, aber Kinder finden es richtig toll, von Station zu Station durch dunkle Tunnel zu fahren, die wenigen Lichter an sich vorbeihuschen zu sehen und dann nach rasender Fahrt in die hellen Bahnsteige einzufahren.
Dabei sind manche Stationen durchaus sehenswert. Die regenbogenbunt und mit stilisierten Bäumen geflieste „Wöhrder Wiese“ ist nicht nur bunt, denn falls Sie hier aussteigen, befinden Sie sich mitten in der Natur in den Pegnitzwiesen. Interessant ist es an der „Hohen Marter“ – hier ist der dort befindliche Fernsehturm liegend als Mosaik abgebildet. Am spektakulärsten ist jedoch der Rathenauplatz. Zum einen wegen seiner Höhe – die Rolltreppen scheinen endlos zu sein. Aber vor allem, weil dort Theodor Herzl und Walther Rathenau als Mosaike abgebildet sind – die Motive des Mosaiks erkennt man jedoch nicht, wenn man direkt davorsteht, sondern nur, wenn man von den Seiten des Bahnsteiges in spitzem Winkel darauf schaut. Und am besten gelingt das, wenn man im U-Bahn-Wagen ganz vorne steht.
Ich persönlich mag besonders die Station „Gustav-Adolf-Straße“, die in schwedischen Farben blau-gelb gehalten ist, und das grau-grün gestaltete „Maxfeld“, wo mit Goethe-Zitaten auf die oben verlaufende Goethestraße Bezug genommen wird.

U2 Röthenbach – Flughafen, U3 Gustav-Adolf-Straße – Nordwestring, beide Linien über Hauptbahnhof und Plärrer

Jazz für alle

69 *Die Tante Betty Bar*

Als ich das Schild der Bar zum ersten Mal entdeckte, dachte ich nur: „Was für ein cooler Name für eine Kneipe!“, und nahm mir vor herauszufinden, was sich dahinter verbirgt. Erst viel später erinnerte ich mich an meinen Vorsatz und konnte klären, dass es sich nicht nur um eine Bar, sondern einen Veranstaltungsort für Jazzmusik handelt. Das klang interessant. Das „Engelesingen“ eines Gesangsquartetts kurz vor Weihnachten war der Anlass, mich bei Tante Betty umzusehen.

Und ich wurde angenehm überrascht. Das Ambiente ist gemütlich, das gedämpfte Licht über der Bar wird von schaurig-schönen Siebzigerjahre-Lampen gespendet. Das Prachtstück aber ist die Stehlampe auf der kleinen Bühne, die aussieht wie die meiner Großmutter neben dem Ohrensessel und den Eindruck von Wohnzimmer unterstreicht. Das i-Tüpfelchen ist die passend zu den Lampen gekleidete Schaufensterpuppe, die von einem Podest auf die Bühne schaut. Die Bar ist brechend voll, der Altersdurchschnitt überraschend hoch, die Stimmung prächtig. Was natürlich mit der Darbietung der vier Frauen zu tun hat, die auf gut Fränkisch erfrischend ungewöhnliche Kompositionen zum Besten geben. A-cappella-Gesang von einer Harfe begleitet hört man nicht alle Tage, die Texte sind satirisch bis zynisch und erheitern das kundige Publikum ungemein.

Matthias Rosenbauer ist der „Kneipier“ und Pächter von Tante Betty. Er ist Schlagzeuger und unterrichtet an der Musikhochschule. Ihn und zwei Freunde störte es, dass es in der Stadt kaum Veranstaltungsorte für Jazzmusik gab. Also gründeten sie selbst einen. Obwohl der Eintritt bei Konzerten nur bei 10 Euro liegt und die Bar maximal 50 Leuten Platz bietet, treten hier seit zweieinhalb Jahren Bands aus ganz Deutschland auf – aber natürlich auch Rosenbauer und seine Studenten. Alle hoffen, dass sich die Bar auch an den Abenden ohne Livemusik etabliert, denn sonst wäre Nürnberg um eine kulturelle Attraktion ärmer.

Übrigens: Der Name der Bar kommt von der ehemaligen Kindergärtnerin der drei Freunde.

Tante Betty Bar, Schweppermannstraße 1, 90408 Nürnberg
www.tante-betty.de
ÖPNV: U3, Straßenbahn 4, Bus 34, Haltestelle Friedrich-Ebert-Platz

Echtes Arthouse

70 *Filmhauskino im Kunstkulturquartier*

Ein Flügel, dekorativ vor der Leinwand postiert, wirkt vielversprechend. Und wirklich gibt es im Filmhauskino monatlich Stummfilme mit Pianobegleitung zu sehen. Auch andere Relikte längst vergangen geglaubter Zeiten befinden sich hier. Da sich das Haus auch als Filmmuseum versteht und sich der Filmgeschichte verpflichtet fühlt, gibt es hier noch Filmprojektoren, Leinwände mit variabler Kaschierung sowie Vorführer, die sich mit der Technik des Überblendens beim Vorführen von 35-mm-Filmen mit mehreren „Akten" auskennen.

In den Siebzigerjahren aus Volkshochschulseminaren hervorgegangen, zeigt das Kino Werkschauen von Persönlichkeiten des internationalen Films sowie Arthousefilme und Erstaufführungen von teils nur in Fachkreisen bekannten, aber gerade deshalb hoch geschätzten internationalen Filmemachern. Oft sind diese Filme in ganz Süddeutschland nur im Nürnberger Filmhauskino zu sehen, und so pilgern cinephile Besucher auch aus anderen Städten hierher. Häufig sind dann Regisseure oder Darsteller vor Ort. Aber nicht nur unterschätzte No-Names kommen in das kleine Kino am Tor zur Altstadt. Im Gästebuch des „Kommunalen Kino Nürnberg" haben sich Besucher aus der großen Welt des Kinos verewigt: Volker Schlöndorff und Kameramann Michael Ballhaus waren schon hier. Bei einer umfassenden Werkschau seiner Arbeit beantwortete in begleitenden Veranstaltungen „Heimat"-Regisseur Edgar Reitz Fragen des Publikums.

Die Arbeit der Kinobetreiber besteht dabei nicht nur darin, sich ein Programm auszudenken. Die Verantwortlichen verbringen einen großen Teil ihrer Arbeitszeit mit dem Auffinden von zeigbaren Kopien oder der Ermittlung von Aufführungsrechten. In zuweilen detektivisch anmutender Kleinarbeit finden sie Kopien von Filmen, die oft nur in den Archiven der Ursprungsländer der Filme existieren.

Im Rahmen des öffentlichen Kinderkinos gibt es auch ein Kinder- und Jugendprogramm, dessen Vorführungen sich – dem Bildungsauftrag des Filmhauses gemäß – nach den Unterrichtszeiten richten.

Filmhauskino im K4, Königstraße 93, 90402 Nürnberg
ÖPNV: S1, S2, S3, S4, U1, U2, U3, Straßenbahn 5, 7, 8, Bus 43, 44, Haltestelle Hauptbahnhof

filmhaus

Wie in freier Wildbahn

71 *Der Tiergarten Nürnberg*

Ein grauer Wintertag, erst Stille, dann heult kurz ein Motor auf. Es hat geschneit in der Nacht und die Wege müssen geräumt sein für die Besucher. Für welche Besucher? Ich bin offenbar alleine. Ungewohnte Vogelrufe dringen ans Ohr. Kein Vogel, den ich kenne. Auf einmal ein Brüllen, wie ich es schon im Zirkus gehört habe. Obwohl es von weit weg kommt, klingt es bedrohlich. Ich habe nicht erwartet, dass Raubtiere bei diesem Wetter im Freien sind. Also mache ich mich auf zum Gehege. Der Weg führt hinauf, an Steinböcken und Gemsen vorbei. Die klettern in ihrer Anlage auf den hohen, steilen Felsen herum, als wäre das auch bei Schnee kein Problem. Ich nehme mir vor, auf dem Rückweg noch mal vorbeizugehen. Leicht außer Atem erreiche ich die Anhöhe. Die Eile hat sich gelohnt. Der Tiger ist unruhig und läuft in seinem Gehege nahe dem Wassergraben auf und ab. Sicher hat er Hunger, jedenfalls brüllt er immer wieder und sieht mich mit seinen gelben Augen an. Ich mache jede Menge toller Fotos und bin begeistert. Der Winterausflug hat sich jetzt schon gelohnt.

Vor dem Hintergrund einer senkrechten Sandsteinwand haben Tiger und Löwen ihre Freigehege. Das Raubtierhaus ist in den Felsen hinein gebaut. Mit der Errichtung des Reichsparteitagsgeländes in den Dreißigerjahren musste der Tiergarten umziehen, vom Dutzendteich zum Schmausenbuck, in den Wald und zu den Sandsteinfelsen. Sicher hat das seitdem niemand bereut. Denn das Gelände im Wald im Südosten Nürnbergs ist wie gemacht für einen Zoo, und so zählt Nürnbergs Tiergarten zu den größten und landschaftlich schönsten in Europa. Hier haben sogar die größten Tiere genug Auslauf. Und selbst den Delfinen und Seelöwen scheint das Leben in der 2011 eröffneten Lagune besonderen Spaß zu machen. „Moby“, mit 58 Jahren einer der ältesten bekannten Delfine und Vater von 13 Nachkommen, lebte von 1971 bis Herbst 2018 im Tiergarten. Sie können natürlich auch in der warmen Jahreszeit einen Besuch in dem schönen Gelände machen. Aber es hat was, die Tiere ganz für sich allein zu haben.

Tiergarten Nürnberg, Am Tiergarten 30, 90480 Nürnberg
www.tiergarten.nuernberg.de
ÖPNV: Straßenbahn 5, Bus 45, Haltestelle Tiergarten

Blick in die Geschichte

72 *Museum | 22 | 20 | 18 |*

Das Handwerk und die technischen Innovationen, die von Handwerkern ausgingen, bildeten das Fundament des Nürnberger Reichtums und von Nürnbergs Bedeutung als Handelsstadt und Knotenpunkt in Europa. Eine zentrale Stellung nahm dabei das metallverarbeitende Gewerbe ein. Schmiede stellten Zirkel und nautische Instrumente, Waffen, Gebrauchsgegenstände und verschiedenste sakrale Gegenstände her. Aber auch die Kunst des Epitaphengießens brachten Nürnberger Schmiede zur Vollendung, was auf den alten Friedhöfen der Stadt noch in vielfältiger Weise zu bewundern ist.

Vier dieser Schmiede hatten in den Handwerkerhäusern in der Kühnertsgasse ihre Werkstatt und ihr Zuhause. Den Altstadtfreunden Nürnberg e.V. ist es zu verdanken, dass diese Häuser erworben und in langjähriger Arbeit denkmalgerecht renoviert werden konnten. Nun ist dieses Ensemble von drei Häusern ein seltenes Beispiel erhaltener mittelalterlicher Handwerkerhäuser, wobei besonderer Wert darauf gelegt wurde, historische Bauweisen und -techniken sichtbar werden zu lassen. Das Konzept, in einem „lebendigen Museum zum Anfassen" Leben und Arbeiten vom späten Mittelalter bis in die frühe Neuzeit darzustellen, wurde konsequent umgesetzt und wird durch Sonderausstellungen immer wieder ergänzt. Seit ihrer Gründung 1950 setzen sich die Altstadtfreunde für die Renovierung von Altstadthäusern ein und ergreifen die Initiative, um Gebäude vor dem Abriss zu bewahren. So gehen auf die Altstadtfreunde unter anderem die Fachwerkfreilegungen von mehr als 40 Gebäuden zurück – der Unschlittplatz wäre nicht einer der schönsten Plätze in Nürnberg ohne die Beharrlichkeit dieser Bürgerinitiative. Der Verein zählt nahezu 6000 Mitglieder, ohne deren Engagement die Nürnberger Altstadt heute nicht dieselbe wäre. Bei den Führungen der Altstadtfreunde werden die Teilnehmer seit 40 Jahren über die Erfolge, die laufenden und zukünftigen Projekte informiert und lernen dabei die Nürnberger Altstadt kennen.

TIPP **Unbedingt eine Führung mitmachen – man spürt, wie sehr die Häuser den Vereinsmitgliedern am Herzen liegen!**

Museum | 22 | 20 | 18 |, Kühnertsgasse 22, 90402 Nürnberg
ÖPNV: Straßenbahn 8, Haltestelle Marientor, S1, S2, S3, S4, U1, U2, U3, Straßenbahn 5, 7, 8, Bus 43, 44, Haltestelle Hauptbahnhof

20
R 2
0
Messerschmiede

Rückzugsort mit Historie

73 *Die Burggärten auf den Basteien*

Bei einem Besuch der Burg, der ja zum Nürnberger Sightseeing-Standardprogramm gehört, sollte man sich nicht mit dem Ausblick von der Burgfreiung zufriedengeben. Denn hinter der Burg befinden sich weitläufige und artenreiche Gärten, die auf den ausladenden Bastionen der Burg teils schon vor Jahrhunderten angelegt wurden. Dabei eröffnen sich Ausblicke über den Norden und Westen Nürnbergs.

Der Eingang zu den Gärten befindet sich unterhalb der Burg „Am Ölberg". Am Ende der Straße geht man durch ein großes Tor mit Holzgitter, und die Umgebung wandelt sich schlagartig von Kopfsteinpflaster zu gepflegten Rasenflächen und bunten Blumenbeeten. Leicht bergauf nach rechts befinden sich die Rosenbeete der Großen Bastei, bergab nach links ein Baumrondell aus zum Kreis gestutztem Feldahorn der Unteren Bastei. Im Schatten des Baumkreises sind bunte Blumen und Gräser gepflanzt, über die Stadtmauer hinweg lugen die Erker und Dächer der Altstadt. Auf den breiten Mauern der Sandsteinbastionen sitzen Sonnenanbeter und genießen die Aussicht. Der Straßenlärm des Altstadtrings ist nur mehr leise Untermalung für das Bienengesumme, aber nicht nur Imker haben die Kasematten als Heimat für ihre Bienenvölker entdeckt. Das Projekt „Lebensraum Burg" macht auf die teils seltenen pflanzlichen und tierischen Bewohner der Burg aufmerksam.

TIPP Der Garten scheint im Neutorzwinger zu enden, aber tatsächlich geht es weiter bis zum Hallertor – meist menschenleer!

In Richtung des mächtigen Neutorturmes sollte man einen kleinen Durchgang keinesfalls übersehen. Denn von dort aus hat man den romantischsten Blick der Stadt: Vom einzigen öffentlichen Zugang zum Wehrgang blickt man unmittelbar auf das Dürerhaus und den Platz mit Fachwerkhäusern, hinter denen eindrucksvoll die Burg aufragt. Die kleinen Stufen weiter hinunter kommt man dann zum Bürgermeistergarten, der eher bescheiden und ein wenig verwunschen wirkt. Figuren wie aus einer Steinmetzwerkstatt stehen entlang des Weges, der vorbeiführt an filigranen Inschriften, in die Mauer eingelassenen Becken und ziselierten Balustraden, immer mit der Aussicht über alte Nürnberger Stadtteile.

Burggärten der Kaiserburg, Am Ölberg, 90403 Nürnberg
ÖPNV: Straßenbahn 4, Haltestelle Tiergärtnertor, Bus 36, Haltestelle Burgstraße

Biertradition

74 *Brauerei im Altstadthof*

In meinem Bekanntenkreis wird man den Kopf schütteln. Dass ausgerechnet ich, der seit Jahren bestenfalls drei Liter Radler im Jahr getrunken hat, Bier und eine Brauerei preise, ist in der Tat bemerkenswert. Aber in letzter Zeit komme ich wieder auf den Geschmack, woran der Altstadthof nicht unschuldig ist. Allerdings handelt es sich beim Altstadthof um ein Gesamtpaket, bei dem das Bier zwar einen sehr schmackhaften, aber letzten Endes nur einen Teil des Ganzen darstellt.

Im Mittelalter gab es an die vierzig Brauereien innerhalb der Stadtmauer. Seit 1984 lässt Diplom-Braumeister Reinhard Engel am historischen Standort des ehemaligen Roten Brauhauses diese Tradition wieder aufleben. Er braut in der kleinen Brauerei im Innenhof nach alten Rezepturen (und damals als erste Brauerei mit ausschließlich ökologischen Rohstoffen!) neben anderen Bieren auch das Nürnberger Rotbier. Natürlich darf ein wenig Gastronomie nicht fehlen, und so gibt es im Eingang des Innenhofs ein kleines Bräustüberl mit Kostproben aus der fränkischen Küche. Im Sommer wird der Hof zum Biergarten mit Blick auf den Sudkessel, beim alljährlichen Bardentreffen zur lauschigen Hinterhofbühne. Für den Bierfeinschmecker und das jüngere Publikum bietet die Kellerkneipe „Schmelztiegel – The Brew Pub" Bierspezialitäten aus aller Welt und natürlich den „Craftstoff", den Engels Söhne kreiert haben. Max ist nämlich wie der Vater Braumeister. Vom Bierbrauen ist der Weg nicht weit zum Whisky, der auch im Altstadthof hergestellt wird – sogar preisgekrönt als bester deutscher Single Malt!

Aber nicht alles dreht sich um das Kulinarische. Auf der „Bühne Altstadthof" finden Theaterstücke, Performances und Konzerte statt. Spektakulär sind die Aufführungen in der „Sohle 4". Dabei sind die Bierkeller, die im Mittelalter mehr als 16 Meter tief in den Burgsandstein gegraben wurden, die Bühne. Die Themen dort sind meist passend zur Kulisse gewählt und spannend bis gruselig.

TIPP Im Altstadthof kann man sich auch ein Fass mieten und seinen eigenen Whisky reifen lassen!

Hausbrauerei Altstadthof, Bergstraße 19-21, 90403 Nürnberg
www.hausbrauerei-altstadthof.de
ÖPNV: Bus 36, Haltestelle Burgstraße, Straßenbahn 4, Haltestelle Tiergärtnertor

HAUSBRAUEREI ALTSTADTHOF
NÜRNBERGER STADTBIER

Mal in die Röhre gucken?

75 *Die Sternwarte am Rechenberg*

Der Volksmund schreibt der Sichtung von Sternschnuppen die Eigenschaft eines Glücksbringers zu, der Wünsche erfüllt. Manche Menschen richten Wünsche ans Universum. Matthias Gräter kann darüber nur lächeln. Er wünscht sich schon vor der Sichtung von Himmelskörpern einen klaren Nachthimmel, damit er an der Erde vorbeiziehende Meteorschauer beobachten kann. Herr Gräter ist Vorsitzender der Nürnberger Astronomischen Arbeitsgemeinschaft e. V. und sicher nicht abergläubisch. Der Verein und seine ehrenamtlichen Mitarbeiter betreiben die Regiomontanus-Sternwarte auf dem Rechenberg, einem Hügel im Osten Nürnbergs. Der Name geht zurück auf den Gelehrten Johannes Müller, auch Regiomontan genannt, der schon im 15. Jahrhundert von Nürnberg aus die Sterne beobachtete.

In dieser Tradition gibt es jeden Freitag- und Samstagabend Himmelsführungen, am ersten Samstag im Monat finden auch Sonnenbeobachtungen statt, natürlich mit Spezialfiltern. Zudem ist die Sternwarte natürlich bei Mond- und Sonnenfinsternissen sowie anderen astronomischen Ereignissen geöffnet. Ergänzend widmet sich der Verein ganz allgemein der Astronomie und erklärt multimedial die Vorgänge im Universum. Dabei ist der Eintritt für die Besucher frei – keine Selbstverständlichkeit, denn die Sternwarte beherbergt stolze 25 Teleskope unterschiedlicher Brennweiten. In der Kuppel steht das große Fernrohr der Sternwarte, das auch für Forschungszwecke verwendet wird. Aber auch der Astrologie, UFO-Sichtungen und anderen Formen des Aberglaubens widmet sich die Aufklärungsarbeit des Vereins.

Also können hier auch Sie einmal versuchen, die Sterne zu zählen oder die Planeten unseres Sonnensystems aus der Nähe betrachten. Oder aber an einigen Abenden im Jahr mit Ihrer eigenen Kamera den Mond richtig groß fotografieren.

Regiomontanus-Sternwarte Nürnberg, Regiomontanusweg 1, 90491 Nürnberg
www.sternwarte-nuernberg.de

ÖPNV: Straßenbahn 8, Haltestelle Tafelhalle, Bus 65, Haltestelle Tauroggenstraße

Kunst- und Kulturzentrum

76 *Der Z-bau*

Besonders in Nürnberg ist man froh, wenn historische Altlasten in ganz neue Nutzungen überführt werden können. Wenn es dann noch eine so positive ist wie beim ursprünglich von den Nationalsozialisten als Kaserne errichteten Z-bau, ist dies ein besonderer Glücksfall. Inzwischen hat sich der Z-bau als Synonym für ein offenes, freies Kunst- und Kulturzentrum mit kreativen und interessanten Projekten und Veranstaltungen etabliert: Neben vier Veranstaltungsräumen, in denen vielfältige Konzerte und Theateraufführungen stattfinden, gibt es Projektflächen, an Künstler, Musiker und andere Kreative vermietete Räumlichkeiten sowie den großen Außenbereich, in dem neben dem Biergarten im Sommer auch ganzjährig Aktionen stattfinden.

Natürlich gedeihen in der kreativen Umgebung besondere Ideen. So zieht alljährlich der „Nachteulen Flohmarkt“ viele Besucher an und macht einen Großteil der Räume zum Trödelmarkt für Kunst, Musik und Mode. Die hauseigene Mikrobrauerei ist verständlicherweise Netzwerkknoten und Treffpunkt, das Bier ist ausgezeichnet. Die Radler vom „Schleudergang-Raum für Fahrradkultur“ organisieren nicht nur Ausfahrten, sondern auch den unterhaltsamen Zuschauermagneten „16-inch Race Wars“, bei dem die Teilnehmer auf „Puky“-Rädern einen Hindernisparcours durchfahren, geschützt mit Helm, denn mit Stürzen ist zu rechnen. Die Fahrradfans organisierten aber auch schon eine Fahrradwerkstatt, um Immigranten und Flüchtlinge mit Rädern auszustatten. Ein ernsthaftes Projekt ist auch das „Urban Lab“, das sich zum Ziel gesetzt hat, Städter zu befähigen, die Entwicklung ihrer Stadt selbst in die Hand zu nehmen, indem man einen Garten betreibt, Möbel herstellt oder selbst eine Brauerei konstruiert. Dass der Z-bau cool ist, weiß auch Adidas, die hier regelmäßig Seminare abhalten. Den Namen hat der Bau übrigens durch seinen Z-förmigen Grundriss.

TIPP

Der Biergarten ist ausgesprochen gemütlich!

Z-bau – Haus für Gegenwartskultur, Frankenstraße 200, 90461 Nürnberg
www.z-bau.com

ÖPNV: Bus 45, 65, Haltestelle Tiroler Str., Straßenbahn 7, Haltestelle Tristanstr.

NO

Nachhaltig und sozial

77 *VINTY'S Secondhandmode*

Wer bei Secondhand an muffige, düstere Räumlichkeiten und mürrische Verkäufer denkt, liegt hier völlig falsch. Die großen Schaufenster lassen viel Licht in die Räume, und es duftet nach frisch gemahlenem Kaffee. Rose, die bei VINTY'S eine Ausbildung zur Einzelhandelskauffrau macht, ist sehr nett und serviert mir den Cappuccino mit einem Glas Wasser aus einer Karaffe mit rosafarbenen Steinen auf einem Tablett. Bei der Theke stehen eine kleine Bank und ein Oma-Küchentisch, an dem man jeden Freitag hausgemachten Kuchen genießen kann. Im Zeitungsständer finden sich Ausgaben der Vogue. Eine Ecke mit Kinderspielzeug beschäftigt die jüngsten Besucher. Daneben ein Regal mit Fairtrade-Produkten, Kaffee natürlich, aber auch Schokolade und Weine. Der Parkettboden strahlt ebenso Heimeligkeit aus wie die liebevoll-kreative Einrichtungskombination von Wirtschaftswunder- bis zu Siebzigerjahre-Möbeln.

Die Kleidung hängt ordentlich und farblich sortiert auf den Ständern. Wer sich günstig, auch mit Markenware, einkleiden möchte, wird hier garantiert fündig. Aber nicht nur Modernes und Trendiges gibt's bei VINTY'S: Am anderen Ende des Ladens ist ein Raum voll mit Vintage-Klamotten für Themenabende, Karneval oder einfach, weil sie schön sind. Ungewöhnlich und sympathisch: Es gibt saisonale Aktionen wie etwa einen Schwerpunkt auf Abendmode, Motto „The Glamorous Life", oder Trachtenmode für die Erlanger Bergkirchweih. Ergänzt wird das Programm mit einem Nähcafé, das mit Upcycling-Ideen zeigt, „wie du aus Altem schönes Neues machst".

Das Ganze dient allerdings nicht dem schnöden Kommerz, sondern ist die Geschäftsidee der „aktion hoffnung", die mit den Erlösen soziale Projekte auf der ganzen Welt fördert und unterstützt. Zahlreiche ehrenamtliche Mitarbeiter helfen im Laden mit. Selbstverständlich ist die Organisation auf Kleiderspenden angewiesen, die sortiert und auf die sechs Läden in Bayern verteilt werden. So wird aus einer Jeans Bildung in Kenia oder aus einem Kleid Frieden in Südsudan.

VINTY'S Nürnberg, Fürther Straße 74a-76, 90429 Nürnberg
www.vintys.de
ÖPNV: U1, Haltestelle Bärenschanze

VINTY'S
Große Größen
(ab Gr. 46)

Wie die Würfel fallen

78 *Das Deutsche Spielearchiv*

Wundern Sie sich nicht, wenn in der historischen Eingangshalle des Pellerhauses großer Trubel herrscht, auf einem Schild der Treffpunkt von Werwölfen kundgetan wird oder sich viele gut gelaunte Menschen mit den Siedlern von Catan treffen. Dann veranstaltet das Spielearchiv, meist zusammen mit dem Spieleclub „Ali Baba", die stets gut besuchten Spielenachmittage. Ob Würfel- oder Rollenspiel, diese aktive Community versammelt immer wieder eine große Zahl von Spielbegeisterten, die zusammenkommen, um gemeinsam neue und alte Spiele zu spielen und zu testen.

Seit 2009 befindet sich das von Bernward Thole 1985 in Marburg gegründete Deutsche Spielearchiv in Nürnberg. Nachdem die Zusammenarbeit mit dem Verein „Spiel des Jahres" endete, erwarb Nürnberg – nicht zuletzt aufgrund seines Rufs als Spielzeugstadt – die Sammlung. Die nunmehr etwa 30.000 Spiele jeglicher Art sowie die umfangreiche Fachbibliothek fanden ihr Zuhause im Pellerhaus, einem repräsentativen Bau am Egidienplatz. Auch die Nachlässe von Spieleautoren werden hier aufbewahrt, etwa von Alexander Randolph, der im Laufe seines Schaffens zur Leitfigur der Szene wurde. Schaukästen mit vielen liebevoll gestalteten Prototypen seiner Entwürfe können auf Anfrage besichtigt werden. Ganz neu ist das Archiv der Spieledynastie „Spear", das man 2017 von den Nachkommen geschenkt bekam. Das Familienunternehmen wurde schon Ende des 19. Jahrhunderts in Fürth gegründet und prägte über vier Generationen mit Spieleklassikern wie „Scrabble" oder den „Fliegenden Hüten" bis in die Neunzigerjahre den Markt.

Bislang ist die Sammlung des Spielearchivs nur jeden zweiten Sonntagnachmittag im Rahmen von Führungen zugänglich, bald soll daraus ein eigenständiges Museum werden. Der Besuch lohnt aber schon jetzt – egal, aus welcher Generation Sie stammen, Sie werden unweigerlich in die (Spiele-)Welt Ihrer Kindheit zurückversetzt. Nostalgie pur!

TIPP Der spektakuläre Innenhof des im Krieg zerstörten Pellerhauses wurde weitgehend restauriert und ist eine Attraktion für sich!

Deutsches Spielearchiv Nürnberg, Egidienplatz 23, 90403 Nürnberg
https://museen.nuernberg.de/spielearchiv
ÖPNV: Bus 36, Haltestelle Egidienplatz, U2, U3, Straßenbahn 8, Haltestelle Rathenauplatz

Bestes Thaifood der Stadt

79 *Das O-sha*

Ein Geheimtipp ist das O-sha schon lange nicht mehr, obwohl die Lage des Lokals darauf schließen ließe. Dabei liegt es kaum fünf Gehminuten vom Germanischen Nationalmuseum entfernt, aber die kleine Jakobstraße erregt so gar keine Aufmerksamkeit. Wenn man allerdings den Weg hierher findet, erlauben die großen Fenster Einblick in ein gut besuchtes Restaurant, das mit geschmackvoll asiatischer Dekoration sehr einladend wirkt. Wie die Deko ist auch die Karte traditionell und modern. Man findet die lieb gewonnenen Klassiker mit Curry und Kokosmilch oder Saté mit Erdnusssauce, aber auch ungewöhnliche Kreationen der Köche, die auch wirklich aus Thailand kommen.

Darauf legt Herr Weiss auch großen Wert. Trotz eines deutschen Vaters stellt er sich mit seinem asiatischen Namen „Gung“ vor und ist auch sonst seinen thailändischen Wurzeln verbunden. Dabei absolvierte er zwei völlig andere Ausbildungen, bis er feststellte, dass er beruflich der Tradition von Mutter und Oma folgen und in die Gastronomie einsteigen will. Doch zunächst war Beharrlichkeit gefragt, denn sowohl die Modernisierung des Lokals als auch eine Großbaustelle gegenüber vergrämten viele Gäste. Seinem Konzept blieb Gung dennoch treu: beste Zutaten, keine Geschmacksverstärker und die „Fusion-Küche“ aus Traditionellem, gemischt mit modernen Einflüssen. Ungewöhnlich für ein Thai-Restaurant: Es gibt wechselnde Gerichte, auf einer Wochenkarte stehen auch Sushi und Seafood. Für Teekenner gibt es eine große Auswahl auch an exotischen Tees; selbst gemachte Limonaden und ein umfangreiches Cocktailangebot laden auch nach Küchenschluss zum Verweilen ein.

TIPP

Nicht nur im Sommer lecker: „Grüntee Eistee“!

Konstant gute Qualität, sympathische, aufmerksame Stammkräfte im Service und die vielseitige Karte machen das O-sha seit nunmehr zehn Jahren zu einem ungewöhnlich guten, viele Gäste meinen: zum besten asiatischen Lokal der Stadt. Und Gung? Trotz seiner Erfahrung und regelmäßiger Reisen zu Kochkursen nach Thailand erkundigt er sich bei Fragen zur traditionellen Zubereitung bei seiner Mutter.

O-sha Feine Thaiküche, Jakobstraße 13/15, 90402 Nürnberg
www.o-sha.de
ÖPNV: U2, U3, Haltestelle Opernhaus

Tiger in der Stube

80 *Café Katzentempel*

Samira streift durch den Raum, Peterchen springt über Stühle. Lucky liegt auf ihrem Lieblingsplatz am Fenster, Joshi schmust schnurrend mit einem Gast. Kratzbäume, Stufenregale an den Wänden und das Spielzeug im Raum weisen auf eine Katzenbehausung hin. Und wirklich ist dieses Café Heimat von sechs Samtpfoten aus dem Tierschutz. Allerdings gibt es in diesem Raum für Katzen auch Frühstück, Mahlzeiten und allerlei Kuchen für Zweibeiner, denn es handelt sich um das „Café Katzentempel". Die Gäste erfreuen sich an den Katzen, oft suchen die Katzen die Nähe der Menschen. Doch das Hochheben oder gar Füttern der Tiere ist ein No-Go. Die Tiere bestimmen selbst, wer sie anfassen darf, und können sich jederzeit in einen separaten Bereich zurückziehen.

Das Konzept des Katzentempels stammt von Thomas Leidner. Eine Magenerkrankung war der Anlass, seine Ernährung auf vegane Kost umzustellen und die Tätigkeit als Börsenmakler an den Nagel zu hängen. Zunächst realisierte er mit Kathrin Karl in München seine Idee des Katzencafés. Ihre Absicht ist es, den eleganten Tieren ein Heim und den Gästen die Möglichkeit zu geben, mit den Tieren entspannt Zeit zu verbringen. Die positiven Erfahrungen mit der veganen Ernährungsweise sind dabei ein wichtiger Teil der Philosophie.

TIPP

Unbedingt auf herumliegende Katzen achten!

In Nürnberg realisiert Wolfgang Bayer seit dem Frühjahr 2017 dieses Konzept. Respekt vor den Lebewesen und eine nachhaltige Ernährungsweise finden Ausdruck in der durchweg veganen Speisekarte. Brot wird jeden Tag gebacken, alle Gerichte sind selbst gemacht. Auf der Karte finden sich neben Wochengerichten auch Bohnen-Chiasamen-Burger, Gemüse-Kokoscurry sowie Salate, Müslis und eine große Auswahl an Kuchen und Torten. Ein immenser Aufwand, den Bayer aber mit Freude und Überzeugung betreibt, denn die Reaktionen der Gäste sind durchweg positiv. Schüler, Azubis und Studenten bekommen unter der Woche Prozente. Aber Vorsicht – Menschen sind hier nur zu Gast, die Katzen sind hier zu Hause!

Café Katzentempel, Peter-Vischer-Straße 21, 90403 Nürnberg
www.katzentempel.de/nuernberg/
ÖPNV: U1, Haltestelle Lorenzkirche